新编21世纪高等职业教育精品教材 · 通识课系列

大学生心理健康教育教程

DAXUESHENG XINLI JIANKANG JIAOYU JIAOCHENG

主 编◎马 敏 冯 钊

中国人民大学出版社
· 北京 ·

图书在版编目（CIP）数据

大学生心理健康教育教程/马敏，冯钊主编.
北京：中国人民大学出版社，2025.9. --（新编 21 世纪
高等职业教育精品教材）. -- ISBN 978-7-300-34333-4
Ⅰ. G444
中国国家版本馆 CIP 数据核字第 202500ED94 号

新编 21 世纪高等职业教育精品教材·通识课系列
大学生心理健康教育教程
主　编　马　敏　冯　钊
Daxuesheng Xinli Jiankang Jiaoyu Jiaocheng

出版发行	中国人民大学出版社		
社　　址	北京中关村大街 31 号	**邮政编码**	100080
电　　话	010－62511242（总编室）		010－62511770（质管部）
	010－82501766（邮购部）		010－62514148（门市部）
	010－62511173（发行公司）		010－62515275（盗版举报）
网　　址	http://www.crup.com.cn		
经　　销	新华书店		
印　　刷	北京宏伟双华印刷有限公司		
开　　本	787 mm×1092 mm　1/16	**版　　次**	2025 年 9 月第 1 版
印　　张	10	**印　　次**	2025 年 9 月第 1 次印刷
字　　数	230 000	**定　　价**	39.80 元

编委会

前言

大学生心理健康教育不仅是一个学术问题，更是一个实践问题。它对帮助大学生开发潜能、排解心理困扰、优化心理素质、增进心理健康、预防心理疾病以及促进大学生全面发展具有其他方面教育不可替代的作用。

本书旨在使学生明确心理健康的标准及意义，增强自我心理保健意识和心理危机预防意识，掌握并应用心理健康知识，培养自我认知能力、人际沟通能力、自我调节能力，切实提高心理素质，促进学生健康成长。本书以心理学的基本理论为支撑，以塑造健全人格、促进大学生身心和谐发展为主线，紧紧围绕大学生在心理成长过程中遇到的主要困惑和难题而展开。理论介绍力求贴近大学生的思维特点，内容安排科学实用，并配以大量丰富而真实的大学生咨询案例，贴近大学生的日常生活。常见的心理问题呈现与理论探讨相结合，为大学生提供丰富的学习材料。

本书具有以下三个特点。

1. 内容全面，结构体系完整

本书共八章，涵盖了大学心理健康教育的一般问题，具体内容包括大学生心理健康教育概论，大学生自我意识的发展与完善，大学生情绪、情感问题与管理，大学生人际关系心理，大学生挫折心理与调适，大学生恋爱心理、大学生学习心理以及大学生生命教育。

2. 形式活泼，内容实用

每章设置了学习目标、案例导入、心理测试等栏目，让学生能够带着问题进入课堂，并在课堂中解决这些问题。这种设计使学生的理论学习过程更加轻松、更有趣味，易于学生掌握和理解。

3. 案例鲜活，通俗易懂

本书引用了大量案例，更贴合当代大学生的心理，能够引导学生亲身体验、感受和感悟。同时，本书结合相关心理学知识的介绍，帮助大学生将书中的理论知识和经验内化为个人的知识，从而提高大学生适应社会生活和自我发展的主体能力。

本教材由广西农业工程职业技术学院组织编写，由马敏、冯钊担任主编，莫嘉凌担任主审，陆静梅、李枝繁、杨卓慧、王岩、温冰朋担任副主编，覃棋、陈贤珍、黄芳芳、何志祥、张东莓、庞振锔、谢军生、谭先云、黄凤玲、苏菊清、黄秋燕、朱惠琼、韦晓悦参与编写。

本书在编写过程中借鉴和吸收了国内外专家学者的研究成果，在此表示由衷的感谢。由于时间仓促，书中难免有疏漏和不足之处，我们热情欢迎广大读者、同行和专家对本书进行批评指正，以便我们进一步修订和完善。

编者

目 录

大学生心理健康教育概论

学习目标

1. 了解健康与心理健康的核心概念及评估标准。
2. 识别大学生常见的心理困扰与异常心理的典型表现。
3. 培养自我觉察与调节能力，维护心理健康。
4. 理解心理咨询的原则和功能，以及大学生心理咨询的内容和分类。

案例导入

小宇是一名大专二年级的学生，就读于计算机专业。他来自普通的工薪家庭，父母期望他通过学习改变命运，入学时，小宇立志在专业学习上取得佳绩。

随着课程的推进，因高中计算机基础薄弱，面对对理论与实践要求颇高的专业课，小宇对复杂代码和软件应用感到一知半解，这导致他第一次专业课考试成绩不佳，使他深受打击。此后，他害怕上专业课，常常躲在教室的角落里，自我否定，觉得自己不适合这个专业。

生活里，性格内向的小宇不擅长主动交流，室友常常结伴参加活动，他却总独自待在宿舍里，并且愈发觉得自己被孤立，只能靠打游戏寻求慰藉。临近毕业时，有的同学积累实习经验，有的同学准备专升本考试，小宇既没有信心找实习工作，又担忧专升本失败，这让他常常失眠，精神日渐萎靡，学习效率骤然下降。

第一节　健康与心理健康

一、健康与心理健康的概念

（一）健康的概念

在传统观念中，人们往往将健康等同于身体无疾病。然而，随着医学模式的转变和人们对自身认识的深化，健康的内涵不断拓展。1984 年，世界卫生组织（WHO）制定的《保健大宪章》中指出：“健康不仅是没有疾病和虚弱症状，而且包括身体、心理和社会适应能力的完整状态。”它强调了健康的多维性，即健康包括生理健康、心理健康和社会适应良好三个方面。

生理健康是指人体各器官系统发育良好、功能正常，体质健壮、精力充沛，能够适应自然环境的变化。心理健康则是指个体在认知、情感、意志、行为等方面处于良好的状态，具有正常的智力、稳定的情绪、和谐的人际关系、良好的适应能力等。社会适应良好是指个体能够有效地适应社会环境的各种变化，在社会生活中能够与他人和谐相处，履行自己的社会责任。

（二）心理的概念

在了解心理健康的概念前，我们需要了解一个概念——心理。

心理是感觉、知觉、记忆、思维、意志、性格、人格等心理现象的总称。我们时时刻刻都在体验、经历这些心理现象，但是它们是复杂的，看不见、摸不着。为了探索其发展的规律，心理学把人的心理现象分为两大方面：心理过程和个性心理（见图 1-1）。

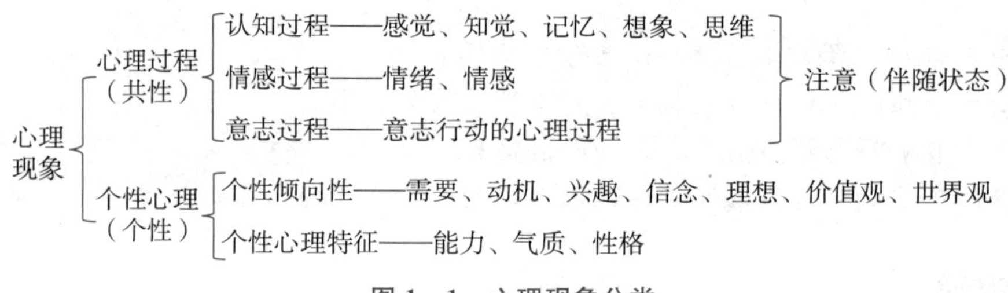

图 1-1　心理现象分类

（1）心理过程：包含认知、情感和意志。认知是我们认识世界的过程，如看到事物、记住信息、思考问题。例如，当我们看到一只猫时，能够认出它是猫，并且想起它的习性。情感是我们对事物的感受，像喜欢、讨厌、开心、难过等情绪都是情感。例如，看见可爱的猫会喜欢，猫受伤时会难过。意志则是我们为了达到目标而努力克服困难的过程。例如，为了养猫而努力攒钱买猫粮。

（2）个性心理：由个性倾向性和个性心理特征组成。个性倾向性是指我们做事的动力和偏好，包括兴趣、理想等。例如，有人对绘画感兴趣，就总想着去画画。个性心理特征是每个人独特且稳定的心理特点，比如能力、性格。例如，有的人擅长运动，有的人性格活泼开朗，这些特点都不会轻易改变。

心理是脑的机能，脑是心理活动的器官。正常发育的大脑为心理的产生提供物质基础，但心理并不是大脑本身所固有的，而是大脑对客观现实的主观能动反映。人类的心理现象丰富多彩、复杂多样，它贯穿于我们生活的方方面面，影响着我们的行为、思维和情感体验。

（三）心理健康的概念和特征

世界卫生组织对心理健康的定义为：“心理健康不仅仅是指没有患上心理疾病，更可视为一种幸福状态，在这种状态中，每个人认识到自己的潜力，可以应付正常的生活压力、有效地从事工作，并能够对社会做出贡献。”由国家卫生健康委员会（原国家卫生计生委）、中宣部等 22 个部门联合印发的《关于加强心理健康服务的指导意见》（国卫疾控发〔2016〕77 号）中将心理健康定义为“人在成长和发展过程中，认知合理、情绪稳定、行为适当、人际和谐、适应变化的一种完好状态”。

根据上述概念，心理健康的特征主要有：（1）充分的自我安全感；（2）充分了解自己，并对自己的能力做出适当的评估；（3）生活目标切合实际；（4）与现实的环境保持接触；（5）保持人格的完整与和谐；（6）具有从经验中学习的能力；（7）保持良好的人际关系；（8）适度的情绪表达与控制；（9）在不违背社会规范的条件下，对个人的基本需要给予适当的满足；（10）在不违背社会规范的条件下，能够恰当地发挥个性。

二、大学生心理健康

（一）大学生心理健康的标准

大学生的心理具有青春期中后期的许多特点，在这个阶段，其心理健康不能使用简单的社会标准来评判。以下是大学生心理健康的标准：

（1）智力正常。智力正常既是大学生学习、生活和工作的最基本心理条件，也是他们胜任学习任务、适应周围环境变化的心理保证。

（2）情绪健康。主要标志是情绪稳定和心情愉快。大学生的情绪健康表现如下：消极情绪少于积极情绪；情绪稳定性好，既能克制约束，又能适度宣泄；情绪的反应是适当的原因引起的等。

（3）意志健全。对于大学生而言，意志健全意味着在各项活动中都有自觉的目的性，能适时做出决定并使用切实有效的方法解决遇到的各种问题，在困难和挫折面前采取合理的反应方式，能在行动中控制好自己的情绪和言行等。

（4）人格完善。即个人的所想、所说、所做都是协调一致的。

（5）自我评价正确。一个心理健康的大学生应该具有良好的自知之明，对自己的认识应该比较接近现实。

（6）人际关系和谐。和谐的人际关系是心理健康的重要标志，大学生人际关系的和谐表现为：乐于与人交往，既有广泛且稳定的人际关系，又有知心朋友；在交往中保持自己的独立人格，能客观地评价自己和他人；宽容待人，助人为乐，有正向的交往动机。

（7）良好的适应能力。良好的适应能力是心理健康的重要特征。心理健康的大学生能够与社会保持良好的接触，对社会现状有较为清晰的认识，思想和行为与时俱进，并与社会要求相符合。

（8）心理行为符合大学生的年龄特征。大学生应该具备与其年龄和角色相适应的心理行为特征，比如朝气蓬勃、积极乐观等。如果一个大学生严重偏离这些心理行为特征，则可能是心理不够健康的表现。

（二）正确理解大学生心理健康

（1）心理健康是个体的一种相对状态，而不是“十全十美”。

（2）心理健康是个体较长一段时间内的持续的心理状态，是一个动态的变化过程。一个人偶尔表现出的异常心理或行为或者轻微的情绪失调，如果能恢复正常，则不能认为这个人的心理是不健康的。而且随着个体的成长、经验的积累及环境的改变，个体心理健康状况也会有所变化，既可能从不健康转变为健康，也可能从健康转变为不健康。

（3）个体的心理健康可以用一系列的具体标准来描述，但这种描述通常是对人的一种全面的理想要求，个体不一定全部都能做到。

(4) 人们对心理健康的理解渐趋于多元模式，人们认为造成心理不健康的因素并不是单一的，而是生理、心理和社会共同作用的结果。

(5) 心理健康与心理不健康不是一种对立关系，并无明显的界限，而是一种连续的状态。如将正常比作白色，将不正常比作黑色，那么在白色区域与黑色区域之间存在着一个巨大的缓冲区域——灰色区，世间大多数人的心理状态都散落在这一区域内。这说明，对多数大学生而言，在人生的发展过程中遇到心理问题是很正常的，不必大惊小怪，积极加以解决即可。个体的心理健康状态不断变化发展，一个人产生了某种心理障碍并不意味着他将永远保持或将加重这种心理障碍。出现心理冲突是非常正常的，而且是可以自行解决的。

（三）心理健康自评参考指南

以下是心理健康自评参考指南，旨在帮助大家初步了解自身的心理状态，但不能替代专业评估。若持续感到心理困扰，请务必联系学校心理中心或医院精神科寻求帮助。

➢心理健康状态

你可能是心理健康的，如果：

大部分时间情绪稳定，偶尔有压力，但能自我调节；

能正常完成学习任务，和朋友相处愉快；

对生活有目标感（如计划考研、参加社团活动）；

没有长期失眠、食欲异常或不明的身体疼痛。

• 建议：

保持健康的作息，定期参与运动或感兴趣的活动；

学习基础心理知识（如情绪管理技巧）。

➢心理亚健康状态（需关注）

你可能处于心理亚健康状态，如果出现以下情况：

情绪：连续 1～2 周感到焦虑、低落，而且难以通过聊天、运动缓解；

行为：开始逃课、熬夜打游戏、逃避现实，或与室友频繁争吵；

身体：失眠多梦、胃痛、头痛（检查无生理疾病）；

认知：总觉得自己“很差劲”“没人喜欢我”，但这些想法只针对特定事件（如某科不及格）。

• 建议：

主动求助：向学校心理老师或信任的朋友倾诉；

自助工具：尝试正念呼吸、写情绪日记；

调整习惯：减少熬夜，每天户外活动 30 分钟。

➢心理异常（需专业干预）

如果出现以下情况，建议立即寻求专业帮助：

情绪：情绪崩溃持续 2 周以上，甚至想伤害自己；
对一切失去兴趣，觉得“活着没意义”。

行为：无法正常上课、洗漱、吃饭；
出现自伤行为（如割腕）或计划自杀。

认知：听到别人听不到的声音，或坚信自己被监视、被迫害；
记忆混乱，分不清现实与幻想。

• 紧急处理：

联系信任的成年人：辅导员、家长或学校心理老师；

拨打心理援助热线：全国 24 小时心理援助热线 12356；

医院就诊：寻求精神科医生的帮助，请其提供诊断和药物支持。

➢注意事项

• 避免自我诊断：

由于心理状态受多种因素影响（如生理疾病、短期压力），因此，切勿因符合某条标准就认定自己“有病”。

• 关注“功能损害”：

关键判断标准在于是否影响正常生活（如连续一周无法起床、听课）。

• 警惕“标签化”：

即使符合某些描述，也可能只是阶段性困扰（如不及格后经历两周的情绪低落）。

• 互助提醒：

如果发现朋友有自伤倾向或长期情绪异常，不要承诺保密，及时告知老师或家长。

第二节　大学生面临的挑战和自我关爱

一、大学生面临的挑战

（一）学习方面的挑战

（1）学习方式：大学生在学习上遇到的一个普遍问题是学习方法与教师的教学方式不适应。刚踏入大学的大学生早已习惯高中时期老师的陪伴和督促，往往采取被动接受知识的学习方式。而进入大学后，他们失去了老师的督促和陪伴，从被动学习变成主动学习。这一学习方式的转变对大学生而言是一个不小的挑战。

（2）知识体系：知识体系从基础课程转变成各种从未接触过的专业课程，许多学生感到“怎么学也学不懂”。

（3）学习环境：大学的学习环境非常宽松，学生拥有大量自主支配的时间。这就要求学生自行摸索出一套适合自己特点的有效学习方法。谁能最快适应大学的学习环境，谁就能尽快适应大学生活。

（二）人际关系方面的挑战

大一新生刚刚离开昔日的好友、师长和亲人，来到新的集体中生活，要面对陌生的校园和陌生的面孔。高中时期简单的、主要围绕学习形成的人际关系不复存在，而大学的人际关系比较复杂。大学生来自全国各地，每个人的生活方式和行为方式各有不同。在这种状况下，大学生不可避免地要面对各种各样的人际纠纷。这就需要大学生改变相处观念，以一种包容、接纳、适应和积极主动的态度发展人际关系。

（三）自身的挑战

进入大学要学会如何做人、如何成长，因此，积极提升自身综合素质成为大学生面临的一个重要课题。在上大学以前，很多学生无论是在学校还是在家里都是出类拔萃的，或是成绩优异，或是担任一定的职务，或是拥有一技之长，总之深受同学、老师、家长、亲友的重视和喜爱，生活在一片掌声之中。但进入大学之后，这种优势逐渐减弱，与周围的同学相比较，很多人表现得比自己更优秀，有的学习成绩优秀，有的体育能力突出，有的文学修养深厚，有的口才出众，有的则积极参加各种活动……班级中位置的重新组合、成绩的高低排列、班干部落选等情况都使得部分大学生在自我评价上出现了新的问题，这就需要大学生重新认识自己，提升自己。

（四）生活环境的挑战

（1）生活环境的变化：来到一个新的环境之后，学生要注意观察此时所处的环境与原来的环境相比有哪些不同，重新估计所面临的变化，不要总是用自己原先的眼光和观念去看待新的事物。

（2）对生活自理能力要求的变化：上大学后，由于生活环境发生了很大的变化，在没有长辈悉心照料的情况下，许多事情需要学生独自去处理，这时，真正的独立生活正式开始了。新生首先应学会打理日常生活，要学会准时起床、运动，学会自己整理床铺、收拾房间，学会自己洗衣服、缝补衣服，学会照顾自己……

（3）生活习惯的变化：当人生阶段的主要任务发生变化以后，大学生的思维方式、生活习惯都要相应做出一些调整，这是一种对生活的重新认识与评估。比如，生活习惯的改变可能包括口音、入睡时间以及睡眠习惯等。有的同学可能必须伴着很响的音乐声才能入睡，而有的同学可能听到一点声响就无法睡觉。在这样一个全新的环境中，学生就必须学会相互适应，而且需要通过交流与协商找到一种大家都能接受的解决方案。

（五）网络依赖的挑战

在当今时代，大学生日益成为互联网的重度依赖群体。由于很多大学生不规律的作息和不科学的用网习惯，大学校园已然成为网络依赖的重灾区。大学生在遭遇情感危机、学习危机、就业危机等时，往往把网络作为宣泄情绪、逃避现实的工具，导致对网络的过度依赖，从而出现社交回避、注意力碎片化等问题。

案例1：学业焦虑与完美主义

小林，大二计算机系，平时平均成绩90分以上，因一次编程作业未获得A而崩溃，连续一周失眠，反复修改代码至凌晨3点，甚至产生了“我不配读这个专业”的念头。后来找到学校心理咨询中心寻求帮助。

研究显示，“过度完美主义”者的抑郁风险是普通人的2.5倍，其核心是“必须完美才能被爱”的错误信念。在我们的大脑中，过度完美主义会激活大脑前额叶的“错误监控区”，导致持续自我批评。当意识到自己出现这种信念并且生活、学习受到干扰时，学生可以寻求学校心理咨询中心老师的帮助，也可以尝试着做出如下改变：（1）调整想法。尝试思考“完成”比“完美”更重要，有些时候是不是做到“90分”或者“80分”就已经足够。（2）尝试“不完美”。尝试着提交一次“不完美”的作业，观察实际后果，看是否如想象中那么糟糕。

案例 2：社交恐惧与线上依赖

小雨（女，大一）因害怕被嘲笑，不敢在食堂独自用餐，每餐只能依靠外卖解决，日均刷短视频长达 6 小时，在现实生活中，每日与室友的对话不超过 3 句。

现在有些学生的人际交往以线上社交为主。研究表明，过度依赖线上社交会导致现实社交技能的退化，而长期回避现实社交会削弱我们大脑的情绪调节功能，这不利于我们的心理和生理发展。如果你对社交感到困扰，可以尝试寻求学校心理中心老师的帮助，也可以自己进行以下尝试：(1) 尝试在食堂的角落里吃饭（5～10 分钟）。(2) 逐步增加靠近人群的时长或缩短与人群的距离，如加长在食堂吃饭的时间，与周围吃饭同学的距离再近一点。(3) 常使用有交流的线上社交替代部分刷短视频的时间，减轻孤独的感觉。

二、自我关爱计划——从“向外求索”到“向内安顿”

在快节奏的大学校园里，熬夜赶作业、焦虑备考、社交内耗已成为许多学生的日常。当“内卷”与“躺平”的争论日趋激烈时，一个被忽视的真相逐渐浮现：真正的成长，始于对自我的温柔关照。自我关爱并非奢侈的自我放纵，而是一门基于心理学与神经科学的生存艺术，是大学生应对多重挑战的底层能力。那么，什么是自我关爱？想一想，如果你的朋友对你说起最近的烦恼，你会怎样做？也许，你会轻拍他的背，安慰他说：“你已经做得很好了，一切都会慢慢顺利起来，要不要出去吃顿大餐？”这是我们对朋友最基本的关爱。如果有一天，你需要安慰呢？你会不会像对待你的朋友一样安慰自己，还是在心里对自己说“你真没用”，或者“你真笨，这都处理不好”。如果你能够安慰自己，那么恭喜你，你具有很好的自我关爱能力；如果你对自己没有那么宽容，那么你在自我关爱的道路上还有很长的路要走。

（一）自我关爱的本质

自我关爱是指个体主动关注自身的身心需求，以友善、接纳的态度对待自己，并通过具体行动维护自己的健康、促进自身成长。其核心包含三个方面：

(1) 自我认知：觉察自己的情绪与需求，如学业压力下的疲惫感、人际矛盾中的孤独感，避免陷入“自我 PUA”的苛责循环（如“我真没用”“我不配获得成功”），用成长型思维替代自我批判，将“我搞砸了”转化为“我又发现了一个改进点”。

(2) 自我接纳：承认不完美是人类的共性，例如，考试失利时告诉自己：“很多人都会经历失败，这并不代表我能力不足。”接纳情绪的自然波动，如允许自己在面对压力时哭泣，而非压抑“脆弱”。

(3) 行为实践：通过具体行动满足自己的身心需求，如养成规律的作息、培养兴趣爱好，或向他人求助。尊重身体的生物节律，如保持 7～8 小时的睡眠、每 60 分钟起身活动。建立人际边界，例如对消耗能量的社交请求说“不”，优先保障独处的充电时间等。

（二）为何大学生亟须自我关爱

1. 发展任务的特殊性

大学生正处于“心理断乳期”，需要在学业竞争、职业规划、亲密关系等多重压力中完成自我整合。研究表明，过度追求外部认可而忽视内在需求的学生，抑郁风险会增加2.3倍。

2. 脑发育的未完成性

人类大脑前额叶皮质（负责理性决策）约25岁成熟，此时的大学生正处于该脑区发育的关键期。长期睡眠剥夺、情绪压抑会阻碍神经突触修剪，导致冲动控制力下降。这也是许多大学生明知熬夜伤身却难以自拔的原因——大脑尚未具备成熟的自我调节硬件。

3. 时代病的侵袭

社交媒体制造的“同龄人压力”、ChatGPT催生的“技能过时焦虑”，让大学生陷入持续性心理内耗。相关调查报告显示，63%的学生出现“情感麻木”，即对曾经热爱的事物失去兴趣，这正是自我关爱缺失的预警信号。

（三）如何进行自我关爱

（1）当自己需要安慰时，我们可以先想想自己是怎样安慰他人的。有时，人们对他人的关爱要比对自己的关爱多得多，对他人很宽容，对自己反而有很多苛责。

（2）增强对“自我批判”的觉察。有时，人们自身也会阻碍自己去关爱自我。如果你留心倾听，也许会听到心中许许多多自我批判的声音，“你还不够努力”“你做得不如别人”“你太差了”，对这样的声音多一些觉察，并慢慢让这些声音停下来，这也是自我关爱的一种方式。

（3）学会宽待自己，让自己能够感受到长期而稳定的快乐。学会使用自己喜欢的方式安慰和奖励自己。注意所用的方法要恰当，比如，“暴饮暴食”“酗酒”只会带来短暂的快乐和长久的痛苦。

人只有把自己照顾好，才能更好地投身于学习和工作中，才能更好地享受生活。

知识拓展

自我关爱小贴士

1. 身体能量管理

（1）睡眠革命：固定入睡和起床时间（误差<30分钟），周末不补觉。

睡前90分钟禁用电子设备（蓝光抑制褪黑素分泌）。

（2）运动处方：每周3次“微汗运动”（如快走、跳舞），每次20分钟。

课间做“猫式伸展”（缓解久坐腰痛）。

2. 情绪调节工具箱

（1）5分钟急救包：478呼吸法（吸气4秒→屏息7秒→呼气8秒）。

（2）“感官着陆”：说出5种看到的颜色+4种触摸到的质感。

（3）晚间情绪日记：记录1件“今天我善待自己的事”（如拒绝无效社交）。

3. 认知防御建设

（1）反刍思维阻断：当反复纠结“我是不是很失败”时，立即做10个开合跳。

（2）设置“焦虑时间盒”：例如每天15：00—15：15集中处理焦虑。

（3）积极再定义：将“我必须考全班第一”转化为“我允许自己一点点进步”。

4. 社交压力应对

（1）社交能量计时：内向者每天社交不超过 3 小时（如 1 节课+1 次食堂聚餐）。

（2）使用“礼貌撤退话术”：“感谢邀请，我需要留时间充电。”

（3）孤独感转化：每周 1 次“高质量独处”（如参观美术馆、徒步）。

第三节　心理咨询

一、心理咨询的定义与原则

（一）心理咨询的定义

心理咨询是指运用相关的心理科学理论和方法，帮助来访者发现自身的问题及其根源，从而挖掘和维护来访者本身潜在的能力，改变其原有的认知结构和行为方式，提高其对生活环境的适应性，维护和增进其身心健康，促进其个性发展和潜能开发的过程。

（二）心理咨询的原则

1. 保密性原则

心理咨询师应对来访者的咨询内容做到绝对保密，妥善保管个人信息、来往信件及测试资料等材料。如因教学和科研等特殊需要不得不引用咨询事例时，必须对材料进行适当处理，不得公开来访者的真实姓名、单位或住址。

2. 保密例外原则

在心理咨询中，如果出现涉及来访者自己或他人生命安全的情况（比如自杀倾向，或伤害他人的倾向等），将不再保证保密。

3. 来访者自愿原则

来访者来到心理咨询室寻求帮助必须出于完全自愿，这是确立咨询关系的先决条件。

4. 理解与支持原则

在咨询过程中，心理咨询师要充分理解来访者的语言、行为和情绪等，与之共情，并对其心理问题予以积极关注与支持。心理咨询师不得以道德和个人价值观来评判来访者的对错，应坚持非道德性评判的原则，帮助来访者分析原因并进行心理疏导。

5. 积极心态培养原则

心理咨询师的主要任务是帮助来访者分析问题，树立自信心，培养来访者的积极心态，让来访者得到心灵的成长，培养他们解决心理困扰的能力。

6. 尊重原则

心理咨询师对来访者的尊重主要体现在三个方面：第一，尊重来访者的需求和选择权，允许来访者选择继续或中止咨询；第二，当因咨询需要而想了解某些情况时，应尽量坦诚、客观地说明原因，寻求来访者的理解与合作，不得以自己的主观想法强求来访者；第三，热情、耐心、尊重、信任地接待来访者，营造亲切自然的咨询气氛。

7. 平等原则

心理咨询的效果不仅仅取决于心理咨询师专业水平的高低，更重要的是取决于他与来访者之间的咨访关系。心理咨询师要诚恳、耐心、热情、平等地对待来访者，要相信来访者有能力解决自己的困扰。

8. 合适原则

心理咨询师应选择适合自己能力范围的咨询对象，制定合适的咨询方案，对于不当的咨询方案应立即放弃。另外，心理咨询师应承认和注意专业职能的局限性，在职责和能力范围内开展工作，对于不适合做心理咨询的对象应果断转介。

9. 非指导性原则

心理咨询师不需要对来访者进行具体的、直接的指导，而应给予间接的、非指导性的启发、引导，帮助来访者自己领悟问题，并主动思考解决问题的办法。

10. 重大决定延期原则

心理咨询开始时应告知来访者，在心理咨询期间不要轻易做出诸如退学、转学等重大决定，等到咨询结束，来访者情绪稳定、心境平和时再做决定。

11. 时间限定的原则

心理咨询必须遵守一定的时间限定，一般规定为 50 分钟左右。原则上，心理咨询师和来访者均不能随意延长咨询时间。

12. 感情限定原则

咨访关系的确立和咨询工作顺利开展的关键是心理咨询师和来访者之间的心理与情感沟通。但是这是有限度的，仅限于咨访关系。

13. 中立原则

心理咨询师在咨询过程中要始终保持中立，不得掺杂私人情感，不得把自己的态度强加给来访者。

14. 发展性原则

心理咨询师要用发展变化的观点对待来访者的问题，心理咨询的核心问题是来访者的成长问题。

二、心理咨询的功能

对于心理咨询，人们常常有一个误解，认为心理咨询只是询问一些处理心理问题的方法而已。在这种误解下，来访者往往把心理咨询理解为一问一答，问题就会从中得到解决。然而，在实际咨询过程中，心理咨询的主动权完全掌握在来访者的手中，来访者必须和心理咨询师共同努力，在心理咨询师的引导、陪伴和支持下，通过努力改变自己的认知、态度、行为来解决问题。一般来讲，心理咨询具有以下功能。

（一）促进学生自我唤醒

人们只有充分认识自己，才能够正确认识整个世界。但是在现实中，大部分心理困扰来源于对自我的不理解。心理咨询能够有效地促进学生的自我认知，帮助他们深入了解自己、认识自己。这一过程不仅能唤醒他们潜意识层面的自己，还可以使他们重新审视自己，明确自身定位，完善自己的人格。

（二）帮助学生面对和适应现实

部分学生的心理问题是不敢面对现实，他们可能沉迷于过去的辉煌，或者悔恨于过去的失败，或者固执地沉浸于对未来的幻想中，无法专注于当下，面对现实。心理咨询可以帮助学生全面、客观地认识自己和外界的关系，通过分析过去的成功和失败经历，吸取经验和教训，聚焦当下的现实问题，勇敢面对当下的挑战，为他们未来的发展提供指导。

（三）帮助学生改变不合理的认知和观念

在很多时候，人们经常被某种非理性、错误、固化的认知、观念和思维束缚，导致自己的行为和情绪陷入困扰之中。心理咨询能够协助学生打破自己原有的认知评价体系，学会重新评估自己的思维、观念、行为是否合理，学习以新的认知架构看待过往的人和事，从旧的思维模式中解放出来，看到一片更加广阔的天地。

（四）稳定学生的情绪

心理咨询师的包容、接纳、理解、无条件支持和非评价等态度有助于学生自由表达并探索情绪，使其情绪很快平复和稳定下来。在咨询过程中，常常出现这样的情况：学生尽情地倾诉之后，尽管心理咨询师什么也没说、什么也没做，但学生明显感觉好多了，甚至直接解决了问题。

（五）提高学生处理问题的能力

当一个人处于生活一团乱麻、精神压力严重超负荷的状态时，他的思维往往混乱不堪，这时候的所有决定、想法和行为都可能对其不利。而心理咨询师通过倾听和共情，能够引导学生从杂乱无章的情绪当中走出来，协助其重新认识自己的现状及所处的环境，引导学生改变旧有的行为模式和思维模式，提高他们处理问题的能力。

（六）激发学生的自我效能和潜能

心理咨询师在咨询过程中往往通过积极心理学引导来访者重新认识和定位自己，帮助来访者改变一些错误的信念和认知，教会他们合理归因，并对其进行鼓励等，使来访者重拾自信，激发他们的自我效能感和潜能。

三、心理咨询的特性

（一）心理咨询的双向性与合作性

心理咨询作为一种特殊的人际交往过程，需要心理咨询双方的相互合作。在咨询过程中，心理咨询师起引导作用，而来访者是心理咨询过程中的主体，二者相互影响，相互配合，使咨询在愉快轻松的气氛中进行，进而使问题得到圆满的解决。如果来访者顾虑重重，羞于启齿，或对心理咨询师抱有成见，将会使咨询难以进行。来访者与咨询师在咨询过程中是一种联盟关系，心理咨询过程发挥作用需要双方的积极配合、共同努力。

（二）心理咨询的渐进性与反复性

心理品质的形成与发展是渐进的，而不良心理品质的克服与消除也是渐进的，甚至会出现反复。因此，来访者应克服急躁情绪，避免对自己提出过高的要求，要由浅入深、由量变到质变逐步解决心理问题。如果操之过急，往往会适得其反。

（三）心理咨询的普遍性

大部分人认为出现心理问题时才需要做心理咨询，这实际上是对心理咨询的一种认识误区。其实，所有人都可以接受心理咨询，不论其问题的大与小、轻与重，也不论是否存在心理疾病。心理咨询不是由心理咨询师代替来访者解决他们的问题，而是帮助来访者更好地认识问题、分析问题，并由他们自己选择解决问题的方法。因此，在生活中遇到任何自己感到难以应付或无力解决的问题，都可以接受心理咨询。现在仍有一些人不愿意让他人知道自己接受过心理咨询，担心被视为不正常或有心理问题。其实，心理问题和身体上的疾病一样，对待心理问题也应该一视同仁，就像没有人会因为感冒去看医生而感到丢脸一样。

知识拓展

你需要做心理咨询吗？

如果你遇到以下情况，可以考虑进行心理咨询：

（1）感到情绪难以控制，依靠自己的自我调节无法使问题得到有效缓解。

（2）生活和学习效率下降，或者在一段时期内效率下降，而且在现实中又找不到明确的客观原因。

（3）遭遇重大的生活事件，比如亲人去世、重病、意外事故、重大比赛失利等，自己难以承受。

（4）人际关系不协调，比如难以处理寝室关系、同学关系以及家庭关系等。

（5）在身体无器质性病变的情况下，无缘由地出现身体不适。

四、大学生心理咨询的内容

大学生心理咨询更多是为学生提供心理辅导和引导，帮助遭受心理困扰的学生进行有效的调节，提高他们的心理素质，充分开发其潜能，促进其身心健康成长。大学生心理咨询的内容主要表现为以下几个方面。

（一）适应问题

大学生初入大学校园时会面临许多适应困难，如远离父母、环境改变、需要独立生活、角色转换、学习内容和学习方法改变，以及人际关系的多样化。此外，毕业生离校前也有适应社会的困难，如将要进入社会前的忐忑不安，对将要从事的工作不了解或不满意，以及即将与同窗好友离别等。

（二）学习问题

进入大学后，面对有一定难度的专业课，许多学生可能听不懂、学不会，或难以达成自己的期望。这可能导致考试不及格，面临重修、补考、留级、退学等学习挫折，有的学生可能产生考试作弊心理等。此外，由此产生的心理障碍也不可忽视，包括注意障碍、记忆障碍、考试焦虑、学习动机缺失、厌学等。

（三）人际关系问题

进入大学后，人际关系变得复杂。随着角色的多变，人际交往的方式方法也要做出改变，以处理不同的人际关系，如室友关系、师生关系、社团团友关系等，这样才能保证人际关系的和谐发展。然而，很多学生使用一成不变的人际交往法则来应对复杂多变的人际关系，必然会为其带来诸多人际关系不和谐的问题，如与老师关系不佳、与同学关系不和、孤僻、与人争吵或打架、被人欺骗等，严重时会影响学业，甚至导致辍学。

（四）恋爱与性行为问题

在恋爱过程中，学生可能面对失恋、热恋中的行为不当、恋爱遭到家长反对、恋爱困扰和单相思等问题。

（五）情绪问题

许多学生可能会遇到情绪上的困扰，如忧郁、沮丧、失望、无助、心理冲突和心理危机等。

（六）其他问题

此外，学生遇到重大事件或突发事件时还可能出现应激状态，如交通事故、失窃、受伤、受辱、被人误会等导致的应激。同时还有求职择业问题，包括职业与性格不匹配、缺乏求职技巧、毕业心理准备不足等。与精神卫生有关的问题也不容忽视，包括各种类型的精神障碍，诸如抑郁症、精神分裂、焦虑症、强迫症等。

五、大学生心理咨询分类

（一）按咨询性质划分

1. 发展性咨询

这类咨询的对象是没有明显的心理冲突、基本适应环境的健康人群。咨询内容主要是针对学生在成长过程中不同阶段出现的心理困惑和心理问题，心理咨询师为其提供心理辅导，如择业、求学、职业适应和发展等。其咨询的目的是更好地认识自己，扬长避短，充分发挥自身潜能，提高学习和生活质量。

2. 健康性咨询

这类咨询的对象在现实生活中面临各种烦恼和压力，存在明显的心理矛盾和冲突。比如，新生入学后因对环境适应不良而感到焦虑，因学习成绩不理想而苦恼，因单恋或失恋而无法自拔、过度自卑等。其咨询的目的是排除心理困扰，减轻心理压力，提高适应能力。

3. 障碍性咨询

这类咨询的对象通常患有某些心理疾病，影响正常的学习和生活，迫切需要帮助，如焦虑症、抑郁症、强迫症等。其咨询的目的是挖掘病源，找到对策，克服这类心理障碍，恢复心理健康。需要注意的是，当心理问题严重到心理障碍的程度时，个体必须接受系统的心理治疗，并配合药物治疗，心理咨询只能作为辅助手段。

（二）按咨询人数划分

1. 个体咨询

这是一对一的心理咨询模式。个体咨询既可以选择面谈，也可以通过电话、微信、QQ、信函等途径进行。这种咨询没有他人在旁，咨询对象的顾虑一般较少，可以毫无保留地表达自己内心的真实想法，倾诉内心的秘密。个体咨询是心理咨询中最常用的类型。

2. 团体咨询

团体咨询是一种在团体情境下提供心理帮助与指导的咨询形式，即由心理咨询师根据来访者问题的相似性将其分成不同小组或由求助者自发组成课题小组，通过共同商讨、训练和引导，解决成员共同的发展问题或共有的心理问题。团体咨询既是一种有效的心理治疗方式，也是一种有效的教育活动。相对个体咨询而言，团体咨询的人数没有固定的标准，但人数太多会不利于讨论，如人数超过 20 人，可以分小组进行。根据大学生在人际交往、情绪管理、学习等方面可能产生的不同心理问题，可以开展为期 8～10 周的小组咨询。

（三）按咨询形式划分

1. 直接咨询

直接咨询是指通过心理咨询师与来访者的直接交往使问题得以解决。直接咨询有助于心理咨询师准确了解来访者的问题并“对症下药”。

2. 间接咨询

间接咨询是指由心理咨询师向当事人的家长、朋友、教师等了解其心理问题，并通过他们实施指导。这种咨询的效果取决于如何处理心理咨询师与中间人之间的关系，使咨询师的意见能够为当事人所接受并合理实施。

知识拓展

心理团体训练——朋辈心理辅导

心理团体训练实质上是一种特殊的教育过程，是在心理学的科学原理和方法的基础上，根据身心互动理论设计和组织的一系列活动。它通过团体内的人际交互作用，促进个体成员认识自我、探索自我、接纳自我、完善自我，同时调整和改善与他人的关系，学习积极的态度与行为方式，从而实现生理、心理、精神之间的平衡与良性发展。

心理团体训练的特殊性体现在它不同于一般的以外在影响力为主导的教育方式，而是以投身于心理训练当中的个体的内在力量为主导，借助团体的形式，帮助个体成长。团体辅导和训练提供了适当的情境，成员在共同的活动中彼此交往、相互作用，并由此产生一系列诸如人际关系、暗示、模仿、气氛、感染、社会知觉等社会心理现象，成员通过心理互动的过程，探讨自我，尝试改变行为，学习新的行为方式，改善人际关系，解决生活中的问题。它的着重点在于帮助个体改变自己，做自己的分析者、治疗者，在自我教育、主动学习、愉快训练的过程中，获得认识的突破、情绪和情感的调适、心理和行为的积极改善，并充分利用团体动力的有利因素促进自我的成长。团体是社会的缩影，团体成员之间的互动就像他们在其他社会关系中与他人互动的模式。因此，在良好的团体气氛引导下，成员可以学习并尝试与他人建立良好关系的技巧，并通过在团体内进行演练或角色扮演及成员反馈，洞察与转移情绪的困扰，将学到的技巧与方法运用到实际生活中。

全国大学生心理健康日——“5·25”

为引导大学生关注自身的心理健康，2000 年，“5·25 全国大学生心理健康节”在北京师范大学拉开帷幕，健康节取“5·25”的谐音“我爱我”，意为关爱自我的心理成长和健康，活动的主题是大学生人际交往和互助问题，口号为“我爱我——走出心灵的孤岛”。2004 年，教育部、团中央、全国学联办公室向全国大学生发出倡议，把每年的 5 月 25 日确定为全国大学生心理健康日。

对于“我爱我”的谐音，发起人的解释是：爱自己才能更好地爱他人。心理健康的第一条标准是认识自我、接纳自我，能意识到自己存在的价值，乐观自信，这样的人才能用信任、友爱、宽容、尊重的态度与人相处，能分享、接受、给予爱和友谊，能与他人同心协力。

如今，“5.25”全国大学生心理健康日已经在全国高校普及，全国高校都利用这一天开展多种形式的心理健康教育活动，教育影响力越来越深远。

心理测试

大学生心理健康自测

你觉得自己的心理健康吗？下面是 40 道心理健康测试题，如果感到“常常是”，画√；“偶尔”是，画△；“完全没有”，画×。

1. 上床后怎么也睡不着，即使睡着也容易惊醒。（　　）

2. 平时不知为什么总觉得心慌意乱，坐立不安。（　　）

3. 经常做噩梦，惊恐不安，早晨醒来时感到倦怠无力、焦虑烦躁。（　　）

4. 经常早醒 1～2 小时，醒后很难再入睡。（　　）

5. 学习的压力常使自己感到非常烦躁，讨厌学习。（　　）

6. 读书看报时，甚至上课时也不能专心致志，往往自己也搞不清楚自己在想什么。（　　）

7. 遇到不称心的事情便较长时间沉默寡言。（　　）

8. 感到很多事情不如意，常常无端发火。（　　）

9. 哪怕是一件小事情，也总放不下，整日思索。（　　）

10. 感到现实生活中没有什么事情能引起自己的兴趣，郁郁寡欢。（　　）

11. 老师讲概念时常常听不懂，有时懂得快却又忘得也快。（　　）

12. 遇到问题常常举棋不定。（　　）

13. 经常与人争吵发火，过后又后悔不已。（　　）

14. 经常追悔自己做过的事，有负疚感。（　　）

15. 一遇到考试，即使有准备也会紧张焦虑。（　　）

16. 一遇到挫折，便心灰意冷，丧失信心。（　　）

17. 非常害怕失败，行动前总是提心吊胆，畏首畏尾。（　　）

18. 感情脆弱，稍不顺心就暗自流泪。（　　）

19. 瞧不起自己，总是觉得别人在嘲笑自己。（　　）

20. 喜欢与比自己年幼或能力不如自己的人一起玩耍或比赛。（　　）

21. 感到没有人理解自己，烦闷时，别人很难使自己高兴。（　　）

22. 他人在窃窃私语时，怀疑是在背后议论自己。（　　）

23. 对别人取得的成绩和荣誉常常表示怀疑，甚至嫉妒。（　　）

24. 缺乏安全感，总觉得别人要加害自己。（　　）

25. 参加春游等集体活动时，总是感到孤独。（　　）

26. 害怕见陌生人，人多时说话就脸红。（　　）

27. 在黑夜行走或独自在家时感到恐惧。（　　）

28. 一旦离开父母，心里就不踏实。（　　）

29. 经常怀疑自己接触的东西不干净，反复洗手或换衣服，对清洁给予极端注意。（　　）

30. 担心是否锁门和可能着火，反复检查，经常躺在床上后又起来确认，或者刚一出门又返回检查。（　　）

31. 站在悬崖边、大厦顶、阳台上，常有摇摇晃晃想要跳下去的感觉。（　　）

32. 对他人的疾病非常敏感，经常打听，生怕自己也患上同样的疾病。（　　）

33. 对特定的事物，例如交通工具（电车、公共汽车等）、尖状物及白色墙壁等，有感觉恐怖的倾向。（　　）

34. 经常怀疑自己发育不良。（　　）

35. 一旦与异性交往，就脸红心慌或想入非非。（　　）

36. 对某个异性伙伴的每一个细微行为都很注意。（　　）

37. 怀疑自己患上了癌症等严重的疾病，反复查看医书或去医院做检查。（　　）

38. 经常无端头痛，并依赖止痛药或镇静药。（　　）

39. 经常有离家出走或脱离集体的想法。（　　）

40. 感到内心痛苦，无法解脱，只能自伤或自杀。（　　）

计分方法：

√得 2 分，△得 1 分，×得 0 分。

分数解释：

0～8 分：心理健康状况非常好，继续保持积极的生活态度和良好的心理状态。

9～16 分：心理健康状况基本良好，但可能存在一些小的压力或困扰。建议与朋友、家人或老师进行交流，分享感受，以获得支持和帮助。

17～30 分：你可能在心理方面遇到了一些挑战，这可能影响到你的日常生活和学习。建议你采取一些积极的调整措施，比如进行放松训练、时间管理等，或者寻求学校心理咨询中心的专业帮助。

31～40 分：心理可能存在一些较为严重的问题，这需要你给予足够的重视。建议你尽快联系专业的心理医生或心理咨询师，进行详细的评估和必要的治疗。

40 分以上：心理可能存在严重的问题，需要立即采取行动。强烈建议你尽快寻求专业的心理医疗服务，以得到及时的干预和治疗。

自省与成长

1. 大学生心理健康的标准有哪些？
2. 结合实际进行心理状况的自我评估。
3. 思考影响自身心理健康状况的因素。
4. 和同学们分享自己的心理调节方式。

大学生自我意识的发展与完善

学习目标

1. 了解自我意识的概念、结构和发展历程。
2. 掌握大学生自我意识发展的特点。
3. 学会自我意识完善的途径和方法。

案例导入

实习中的自我怀疑

小林是某院校机械制造专业大三的学生，自从进入企业顶岗实习后，他发现实际操作与校内实训差异很大。师父要求他独立操作数控机床时，他因紧张多次出错，被批评“动手能力差”。他开始怀疑自己：“学了三年的技术，连基础操作都做不好，我是不是不适合做这行?”

苦恼之后，小林决定正视问题。他通过调整目标(分解技能训练步骤)、寻求师父的指导、加强实操练习，逐步找回了信心，顺利完成了实习任务。

技能大赛的压力

小婷是某院校畜牧兽医专业的学生，被选拔参加省级兽医技能大赛。备赛期间，她每天训练到凌晨，但总因操作超时被扣分。某次模拟赛失误后，她崩溃大哭：“我明明比所有人都努力，为什么还是做不好?”

哭泣之后，心理老师引导她调整训练方法（拆分动作、计时练习），接纳“小失误”，最终，她在比赛中获得二等奖。

树立正确的自我意识是大学生心理发展成熟的重要标志之一，对大学生人格的形成、心理的健康发展具有重要作用。通过本章学习，我们可以清楚地了解自我意识的概念、发展特点，并学会完善自我意识的方法，努力塑造健康自我。

第一节　大学生自我意识概述

21 世纪是开放、自由、多元化的时代，为大学生张扬个性与实现自我提供了更多选择机会。然而，我们必须懂得，我们追求成功的第一步就是要认识自己。但是，认识自己说起来容易，做起来却很难。有些人活了一辈子都不能正确认识自己。古希腊德尔菲神庙入口处的石造建筑物上就镌刻着“认识你自己”的箴言，以警示世人。

一、自我意识的概念

当我们思考自己是一个怎样的人时，头脑中浮现的是种种关于自己的想法，这就是我们所说的“自我意识”。自我意识也称“自我”，即个体对自己及自身与周围事物关系的觉察和认知。自我意识主要包括个体对自己的身心状况和特征，以及自己与他人、自己与周围世界之间关系的认识、体验和评价。它是人格结构的核心部分，是人的意识的本质特征，是一种多维度、多层次的心理系统，具体如下：

（1）个体对自身生理状态的认识和评价：对自己体重、身高、身材、容貌、性别等生理特征的认识，对身体的痛苦、饥饿、疲倦等的感觉。

（2）个体对自身心理状态的认识和评价：对自己能力、知识、情绪、气质、性格、理想、信念、兴趣、爱好等方面的认识和评价。

（3）个体对自己与周围的人和事物关系的认识和评价：对自己在一定社会关系中的地位、作用，以及对自己与他人关系的认识和评价。

自我意识的对象一般包括两个方面：一个是主体的我，即对自己身心活动的觉察。比如，学生觉得自己糟糕透了，或者认为自己长大了能当大老板，这就是作为主体对自身的觉察。另一个是客体的我，即被觉察到的我。比如，“我觉得别人都看不起我”。自我意识是个性和社会性发展的核心概念，它伴随着个体的身心发展，在个体与周围环境不断相互作用的过程中逐渐产生和发展起来。个体的自我意识是社会化的结果，同时，它的形成和发展又不断推动个体社会化的进程。

二、自我意识的结构

自我意识是个体通过观察和分析外部活动及情境、社会比较等途径获得的一种多维度、多层次的复杂心理现象，可以从不同的角度进行分析。

（一）从意识活动的形式来看，自我意识可分为自我认知、自我体验、自我调控

1. 自我认知

自我认知是主观自我对客观自我的认识和评价，是自我意识的认知成分，包括自我感觉、自我概念、自我观察、自我分析和自我评价等，主要解决“我是一个什么样的人”“我为什么是这样一个人”等问题。

自我认知在自我意识系统中具有基础地位，属于自我意识中“知”的范畴，内容广泛，涉及自身的方方面面，在调整自己的言行以及自己与周围人和事物的关系中起着重要

的作用。如果一个人认为自己没有长处，看不到自己的优势，觉得自己没有什么价值，那么他就容易自卑，在做事方面表现为没有自信心、缺乏主动性、积极性，在与人交往方面表现为容易自我封闭、敏感、猜疑。相反，如果一个人总是盯着自己的优点，看不到自己的缺点，往往容易自以为是，自命不凡，难以与他人相处。只有一分为二、客观地评价自己，才能产生积极的自我体验，进行良好的自我调控。

2. 自我体验

自我体验是伴随自我认知而产生的情感体验，是自我意识的情感成分，即主观自我对客观自我所持有的一种态度。自我体验主要涉及“能否悦纳自己”“对自己是否满意”等问题，并由此产生自尊、自爱、自卑、自弃、自傲、责任感与义务感等情绪、情感体验。自我体验是在自我认知的基础之上产生的，自我认知决定自我体验，而自我体验又强化着自我认知。如当个体对自己的认知和评价符合自己的期望与要求时，个体就会获得满意、接纳、愉悦的情绪体验，并进一步形成自尊、自信的个性品质；反之，个体就会产生失望、不满、抱怨、低落的情绪体验，进而变得自卑、退缩和怯懦。

3. 自我调控

自我调控是指个体主动对自己的思想、情绪和行为进行调节和控制，以达到自我期望的目标，是自我意识的意志成分。它表现为个体在自我认知和体验的基础上对自我的协调、组织、监督、校正和调节，从而使个体的整个心理活动系统作为一个能动的主体与客观现实相互作用。它主要涉及“我怎样节制自己”“我如何改变自己”“我如何成为理想的那种人”等问题，表现为自主、自立、自强、自制、自律、自我监督、自我调节、自我控制等。

自我调控是自我意识发展水平的最终体现，是一个人自我教育、自我发展的重要机制。自我调控的实现既受自我认知和自我体验的制约，同时也反作用于自我认知与自我体验的过程。个体通过自我调节不断调整自己的认知角度，完善自我概念，调整自我评价，修正自我形象，最终建立并感受积极的自我。

综上所述，自我认知、自我体验和自我调控是自我意识中密切联系的三方面，它们之间相互影响。自我体验基于一定的自我认知而形成，同时又对自我调控起着动机作用。例如，某大学生发现自己朋友很少，不善于与人交流（自我认识）。认识到这一点后，他产生了较强烈的自卑感（自我体验），这使他意识到需要努力调整自己的自卑情绪，寻求帮助，积极扩大人际交往。他积极地进行自我调整，学习了一定的人际沟通技巧，逐渐和周围的同学建立了亲密关系，体验到了交往的乐趣，对自己充满了自信，这进一步促使他增强自我调控能力。这就是一个完整的自我认知、自我体验、自我调控相互作用的循环过程（见图 2-1）。

图 2-1　自我意识循环过程

（二）从内容上看，自我意识可分为生理自我、社会自我和心理自我

1. 生理自我

生理自我是个体对自己躯体、性别、容貌、健康等生理属性的认识和体验，如“我觉得自己长得很漂亮”“我是一个身高一米八的男生”等。人的生理属性受遗传的影响很大，是与生俱来的，在我们的一生中很难改变。随着自我意识的成长，我们会逐渐对自身的生理属性产生明晰的看法与正确的认识。但由于青年期的不确定性，有的学生对自身的生理属性产生了较高的心理关注，如女生关注胖瘦高矮甚至脸上的雀斑，男生关注自己的体形与身高甚至声音的吸引力等，这些都是因为他们正处于青春期乃至青年初期，对生理处于高度关注的时期。

2. 社会自我

社会自我是个体对自身与外界客观事物关系的认识、体验和愿望，包括个体对自己在客观环境及各种社会关系中的角色、地位、权利、义务、责任、人际关系等方面的意识，如“我是一个勇敢的人”“我是一个有人缘的人”。青年男女常用“我已经长大了”来表达自己的社会自我，期望社会对自己给予积极的肯定与认可。

3. 心理自我

心理自我是个体对自己的心理活动、个性特点、心理品质的认识、体验和愿望，包括对自己的感知、记忆、思维、能力、性格、气质、兴趣等的认识和体验，如“我是一个表面坚强但内心脆弱的人”。心理自我随着个体的成长不断发展。随着自我意识的发展，我们逐渐学会评价心理自我、体验心理自我，如成功与失败的体验等。

生理自我、心理自我与社会自我是密切联系、相互影响的，它们都包含着不同的自我认知、自我体验与自我调控。但由于比例和搭配的不同，它们构成了个体自我意识之间的差异，使得每个人都有对人、对己、对社会的独特看法和体验。

生理自我、社会自我、心理自我与自我认知、自我体验、自我调控之间的关系如表2-1所示。

表2-1 生理自我、社会自我、心理自我与自我认知、自我体验、自我调控之间的关系

内容结构	自我认知	自我体验	自我调控
生理自我	对自己身体、外貌、年龄、家属、所有物等的认识	是否英俊、漂亮、迷人、有吸引力、自我悦纳	追求外表的美观、物质欲望的满足，维持家庭利益等
社会自我	对自己在集体中的名望、地位、角色、责任、经济条件等方面的认识	是否自尊、自爱、自信、自豪、自卑、自恋、自怜	追求名誉地位，与他人竞争，争取得到他人的好感等
心理自我	对自己的智力、性格、气质、兴趣、能力、记忆、思维等特点的认识	是否有能力、聪明、优雅、敏感、迟钝、感情丰富、细腻	追求信仰和理想，注意行为符合社会规范，要求智慧与能力的发展

（三）从存在方式看，自我意识可分为现实自我、投射自我和理想自我

1. 现实自我

现实自我是指个体从自己的立场出发，对自己当前所具有的特征和品质的基本看法，

即个体在现实生活中获得的真实感觉。如“我认为我是一个善良的人”。

2. 投射自我

投射自我又称镜中自我，是指在与他人接触、交往的过程中，个体想象的自己在他人心目中的形象或他人对自己的评价，以及由此而产生的自我感。如“我总感觉别人认为我是装出来的，很伪善”。

3. 理想自我

理想自我是指个体想要达到的一种比较完善的自我境界，通俗地说，是指个体希望自己成为怎样的人，具有怎样的特征和品质，是个体想要达成的比较完美的形象。如“我想成为怎样的一个人”“我应该是怎样的一个人”等。

每个人的自我意识中都有现实自我、投射自我和理想自我，三者有机结合便形成了自我意识。现实自我是个体对当前自我状态的认识和评价，理想自我是个体期望达成的自我状况，两者之间的差距是个人进步和完善的空间。作为满怀理想追求的群体，大学生在校园生活中往往会经历价值观的剧烈重构，这一成长特性决定了他们需要经历较长的调适期才能实现自我期待。

三、自我意识的发展历程

人的自我意识不是生来就有的，而是在个体成长过程中逐渐形成的，会经历一个萌芽、形成、发展完善的过程。

（一）自我意识萌芽期（8个月～3岁）

人刚出生时多处于自我封闭的状态，尚无法辨别外界与自己，认为母亲与自己是一体的。婴儿的自我意识在约8个月时开始萌生，即能意识到自己的身体，当听到自己的名字时会明确做出反应。1岁左右，婴幼儿开始能把自己的动作和动作对象区分开来，如当他用手抓水杯的时候，不会再把水杯当成自己身体的一部分。1.5岁左右的幼儿开始从成人那里学会使用自己的名字，表明他们能把自己和他人相区别。2岁左右，幼儿逐渐会使用代词“我”来代表自己，由此实现了自我意识发展的一次飞跃，而掌握“我”字是自我意识萌芽的主要标志。3岁左右，幼儿的自我意识有了新的发展，开始出现了羞愧感、疑虑感、占有欲和嫉妒感，“我”的使用频率逐渐提高，并开始表现出自我独立的要求。同时，幼儿的自我评价开始发生。

这一阶段的个体表现出“自我中心”，认为世界围绕自己存在，因而被称为“自我中心期”。

知识拓展

阿姆斯特丹的点红实验

1972年，心理学家阿姆斯特丹研究了婴幼儿的自我觉知。实验选取了88名3～24个月大的婴幼儿，研究者在婴幼儿鼻子上涂一个无刺激性的小红点，观察他们在照镜子时的反应。假设他们能发现红点并试图触摸或抹掉，意味着其能区分自身形象与附加物，这可作为自我意识出现的标志。

阿姆斯特丹总结发现，婴幼儿对自我形象的认识分为三个阶段：6～10个月为游戏伙伴阶段，婴幼儿对镜中映像感兴趣，但认不出自己；11～20个月是退缩阶段，婴幼儿关注镜中映像与外界的对应关系，对动作同步感到好奇，却不愿与“镜中人”交往；21～24个月进入自我意识出现阶段，婴幼儿能明确意识到鼻子上的红点并立刻用手触摸。由此得出，婴幼儿的自我意识约在1岁8个月时形成。

（二）自我意识形成期（4岁～青春期）

4岁到青春期是个体接受社会文化、学习社会角色的重要时期，个体在家庭、学校中通过游戏、学习、劳动等多种形式，与他人进行越来越频繁的互动，逐渐习得社会规范和价值理念，形成各种角色观念，如性别角色、家庭角色、同伴角色等，并能有意识地调控自己的行为。

在学前期，4岁左右幼儿有了自我体验；4～5岁的幼儿，自我控制能力已经出现，其独立性、目的性、自觉性得以发展。到了学龄初期，个体道德评价能力开始形成，能从道德原则、主观动机等方面评价自己行为的好坏。到10岁左右，个体自我评价的独立性、批判性获得发展。进入少年期，个体的自我意识产生质变，不仅能认识到自己的外部特征，而且能反映和体察自己的内心世界，意识到自己的人格。个体开始关心自己，思索“我是什么样的人”“别人怎么看我”等问题，产生了解自己特点与人格的愿望。这一阶段的自我意识服从于社会和他人，个体常用别人的观点评价事物、认识他人，尤其容易服从于权威或同伴的评价，因而又被称为“客观化时期”。此时，个体能了解社会对自己的期待，并且会根据社会期待调整自己的行动。

（三）自我意识发展完善期（青春期～成年）

这个阶段（主要是从青春期到成年大约10年的时间）是自我意识发展的关键时期。在这期间，个体无论是在生理上还是在心理上都发生了一系列急剧的变化：骨骼增长，性器官成熟，想象力日益丰富，抽象思维能力越来越发达，逐渐发展出自己的价值体系，并以之作为评价外界事物的依据。此时的个体开始清晰地意识到自己的内心世界，关注自己的内在体验，喜欢用自己的眼光和观点去认识与评价外部世界，开始进行明确的价值探索和追求，强烈要求独立，产生了自我塑造、自我教育的紧迫感和实现自我目标的驱动力。如个体开始重视“我将来成为怎样的人”以及“我如何成为那样的人”，他们能够根据社会需要和自身发展的要求自我反省、自我调控，有意识地培养良好的品质。

青年晚期，个体自我意识基本成熟，他们努力实现理想自我与现实自我、主体自我与社会自我的有机统一，能比较客观全面地认识和评价自我，能有意识地完善自我，能有目的、有计划地改造自我、健全自我，能有意识地协调自己的心理与行为。随着自我意识的发展完善，个体的人格趋于成熟和稳定。

第二节　大学生自我意识的发展

大学生的自我意识是在儿童和青少年时期自我意识的基础上进一步发展的，它既有继承性，又具有新的特点。大学阶段正是大学生自我意识迅速发展并趋于成熟的时期，大学生的心理也常常因为自我意识状态的改变而发生不同程度的变化。

一、大学生自我意识发展的过程

大学生的自我意识已经发展到了一个新阶段，会经历一个非常明显的分化、矛盾、统一的过程，这也是大学生自我意识不断发展、渐趋成熟的过程。

（一）自我意识的分化

大学生自我意识的分化标志着其自我意识开始走向成熟。大学生的自我意识在中学阶段发展的基础上进一步分化为理想自我与现实自我两部分。自我意识的分化使大学生主动、迅速地对自己的内心世界和行为具有了新的认识，他们开始意识到那些以前没有注意过的、没有引起过思想波动的“我”的许多方面和细节。于是，大学生的自我内心活动变得更加复杂，自我沉思、内省的时间明显增多，并开始考虑自己应该怎样做、能怎样做和不能怎样做等人生观问题。正是这种分化过程促进了大学生主体性的形成，从而为其客观评价自己、合理调节自身的言行奠定了基础。

（二）自我意识的矛盾

自我意识的分化也意味着矛盾冲突的产生和加剧。大学生充满理想，对自己有比较高的自我期望值，个人成才的欲望强烈。此外，家长和社会对他们的期望也很高。当大学生在进行自我观察、自我分析、自我评价时，他们发现理想自我与现实自我之间存在着较大差距，而这个差距又不能短时间消除，从而产生了自我意识的矛盾。这些矛盾主要表现为理想自我与现实自我的矛盾、独立意向与依附心理的矛盾、交往需要与闭锁心理的矛盾等。

第一，理想自我与现实自我的矛盾。这是大学生自我意识矛盾最突出、最集中的表现。理想自我是指个体想要达到的完美形象，是个体追求的目标，它引导个体实现理想中的个人自我。现实自我是指个体从自己的立场出发，对现实中的自己的各种特征、属性的认识。许多大学生心中承载着无数的梦想，有比较高的自我期望值和较强的成就动机，对理想的实现充满自信，但他们较少接触社会，在进行自我观察、自我分析、自我评价时发现现实自我与理想自我之间存在较大差距，一时间找不到自己学习、生活的方向。值得重视的是，理想自我与现实自我之间存在差距是正常的，合理、适度的差距能够激励大学生奋发图强、积极向上；但是如果差距过大，长时间无法合理消除，大学生会产生各种各样

的心理不适，甚至自暴自弃，变得没有动力、无所事事。

第二，独立意向与依附心理的矛盾。大学生正处在人生中第二次飞跃的心理断乳期。一方面，生理与心理的成熟使他们渴望独立面对生活、学习与工作中遇到的问题，希望自立自强，成为一个有独立见解、能决定自己命运的人。然而，长期的校园生活使大学生的社会阅历与经验相对匮乏，当应激事件出现时，大学生又盼望亲人、老师、同学能够替自己分忧，因而无法做到人格上的真正独立。另一方面，大学生心理上的独立与经济上的不独立也形成了明显的反差。特别是对于长期受到父母无微不至关爱的大学生来说，这种独立意向与依附心理的矛盾表现得尤为突出。事实上，任何心理成熟的独立的现代人，都需要他人的帮助，广泛的社会支持对个体心理健康不可或缺。

第三，交往需要与闭锁心理的矛盾。大学生迫切需要建立友谊、渴望理解、寻求归属感和爱。他们有强烈的交往需要，希望和知心好友探讨人生、分担痛苦、共享欢乐，并且积极寻找人生知己，拓展自身的人际圈，希望在群体中被认同和悦纳。然而，大学生同时又存在着闭锁心理的倾向，总是不经意地将自己的心灵深藏起来，对人际交往比较敏感，经受不住他人的评价和议论，与同学有意无意地保持着一定的距离，存在戒备心理。正是这种交往需要和闭锁心理的矛盾，使得一些大学生无法适应大学生活，常常感到“交往不如中学时那样自如和真诚”。

（三）自我意识的统一

大学阶段是自我意识和自我矛盾表现最突出的时期，自我意识的分化、矛盾所带来的痛苦不断促使大学生寻求方法，以达到自我意识的统一。消除矛盾、获得自我意识统一的途径有三条：第一，努力改善现实自我，逐渐接近理想自我；第二，修正理想自我中某些不切实际的过高标准，使之与现实自我趋近；第三，放弃理想自我，迁就现实自我。按照心理健康的标准，不管通过哪种途径达到自我意识的统一，只要统一后的自我意识是完整、协调的，就是积极健康的统一。

总之，自我意识的发展不是一次性完成的，而是一个循序渐进、多次反复的过程，只有经过不断的历练和反思，才能使自我意识达到新的发展水平。因此，我们可以将这一过程视为自我教育的有利时机，再加上社会实践活动的锻炼，可以使我们渐渐成熟起来，形成健康的自我意识和良好的心理品质。

转专业的选择

小陈就读于某高职院校的软件工程专业，因数学基础薄弱，他对编程课程极度焦虑，萌生了退学的念头。辅导员建议他尝试新媒体运营方向，并参与校园公众号运营。后来，小陈发现自己擅长文案创作与视觉设计，逐渐找回自信，最终成功转入数字媒体专业。

自我认知偏差可能导致目标错位。通过探索多元路径、发挥优势领域的优点，可实现“理想自我”与“现实自我”的积极统一。

二、大学生自我意识发展的特点

（一）大学生自我认知方面的特点

1. 全面性和深刻性

大学为个体提供了一个博览群书、自由发展的新天地，大学生利用这段时间充分学习并体验各种角色，学习各种本领，接触各种思想，视野更加开阔，关注的社会问题更加多样。大学生要学会运用自己的聪明才智和经验，对自己的思想、学习、成长等情况进行独立的分析和判断。他们的自我认知不仅关乎自己的气质、风度和性格等问题，还涉及自己的社会地位、社会责任、自我价值等问题。通过对这些问题的分析和思考，大学生的自我意识将发展得更加全面、深刻，自我概念也会更丰富、更完整、更稳定。

2. 自觉性和主动性

大学是大学生走向社会前系统学习知识技能的最后一个阶段，是进入社会的缓冲阶段，大学生应经常反思、反省一些有关个人发展、个人与社会的关系等方面问题，如：我的性格如何？别人如何看我？我将成为什么样的人？我怎样实现自我价值？……大学生能自觉地把自我价值的实现与国家、社会、集体的命运结合起来，考虑如何为社会服务，这种思考比少年时期更主动、更自觉，具有较高的水平。

3. 自我评价的客观性

随着大学生知识面的拓展、社会经验的丰富，自我评价逐渐变得比较全面、客观，他们能自觉按照社会思想、道德要求或在与他人的比较中来观察、评价和分析自己；对自己的优缺点有较正确的认识和评价，能自主选择自己的长处进行发展，开始具备自觉基础上的“自知之明”。由于受个体年龄差异、能力差异、经验差异、家庭背景差异等多种因素的影响，大学生的自我评价能力存在很大的个体差异。

（二）大学生自我体验方面的特点

1. 丰富性与复杂性

大学生可以说是各种社会群体中最敏感的群体之一。随着他们交往范围的扩大和知识经验的不断积累，大学生的自我体验取得了显著提升。他们既有肯定和否定的自我体验（喜欢自己或是讨厌自己，满意自己或是不满意自己等），也有积极的和消极的自我体验（喜悦或是忧愁，趣味无穷或是乏味无聊等）。此外，他们还会经历紧张和轻松、敏感和迟钝等自我体验。一般来说，大学生自我体验的情绪情感基调总体上是积极和健康的。

2. 波动性与敏感性

大学生由于自我认知的矛盾性，个性尚未成熟、稳定，缺乏驾驭情感的意志力，因此他们的自我体验表现出明显的波动性和敏感性，凡是涉及“我”和与“我”相联系的人和事物，都很容易引起他们情绪情感上的反应。当事情进展顺利，取得成绩时他们肯定自己，产生积极的情感体验，甚至骄傲自满、忘乎所以；当遇到挫折时就否定自己，产生消极、悲观失望的情绪体验，甚至自暴自弃，有明显的两极情绪。随着大学生自我认知、自我调控能力的发展，这种情绪的波动性到高年级时才逐渐降低。

（三）大学生自我调控方面的特点

1. 自觉性

随着知识经验的积累和生活阅历的增加，大学生自我认知和自我评价水平获得提高，他们一方面能够根据他人的评价和自己行为的后果进行自我反省、自我监督，及时调整自己的行为和目标；另一方面能够根据社会的期望和不断变化的要求，对自己的目标、学习、生活进行及时的调整，改变不切实际的目标和动机，同时注重专业技能的提高，以便更好地适应社会。

2. 独立性

大学生在生理上已完全具备了成人的特点，心理成熟和社会成熟也达到了较高水平。通过对自我的认知、体验和调控，他们心中正在逐渐形成一个成人式的自我。他们力图摆脱监督和管教，渴望自立、自治，希望得到与成人一样的尊重和理解。

三、常见的大学生自我意识类型

从理想自我和现实自我的角度划分，自我意识有五种类型：自我肯定型、自我否定型、自我扩张型、自我萎缩型和自我矛盾型。其中，自我否定型与自我萎缩型最容易出现自我完善障碍。

（一）自我肯定型

自我肯定型的大学生对自我的认识比较清晰、全面、客观、深刻。他们在经过痛苦的选择与调整之后逐渐成长，其理想自我既符合社会需求，也符合自身的实际情况。他们不仅了解自己的长处与优势，也了解自己的不足与劣势，能够分析哪些是通过努力可以达到的，哪些属于无法企及的，从而进行积极的自我肯定，向着理想自我迈进。理想自我和现实自我通过整合能够达到积极的统一。

心理故事

自我肯定型

小妍来自偏远的小镇，进入高职院校后，面对学业的重压与家庭的拮据，她萌生了放弃学业去打工的念头。但想起当时的梦想以及父母的支持，她重拾信心，决定刻苦求学。此后，课余时间她常常待在图书馆和实训基地，假期积极参与专业实习，提升自己。

毕业季，面对大城市高薪企业的诱惑，小妍却毅然选择了家乡一家专注于新兴业务的小创业公司。同学们对此深感不解，小妍却自信回应：“我清楚公司的潜力，相信我能发挥专长，实现价值，还能照顾父母。”

在公司，小妍从基层做起，凭借扎实的专业知识和积极的工作态度，迅速崭露头角。面对难题，她毫不退缩，积极求解。短短几年，公司发展迅猛，小妍也成为核心骨干，带领团队完成多个重要项目，收获了领导认可，实现了自我价值。

（二）自我否定型

这类学生由于总是在经历失败与挫折，对现实自我的评价过低，时常伴有无价值感、自我排斥、自我否定。当理想自我和现实自我之间的差距非常大时，他们认为即使经过努力也无法实现理想自我，表现为缺乏自信、否定自己的能力；当理想自我和现实自我之间的差距较小时，又因缺乏驾驭自我的能力，不能通过坚韧不拔、不屈不挠的努力去实现理想自我。他们只能通过简单的努力去实现理想自我，一旦遇到困难和挫折就灰心丧气。这类学生不是通过积极地改变现实自我去实现理想自我，往往是放弃理想自我而迁就现实自我，以求得自我意识的统一，其结果是更加缺乏自信、更加自卑，从而失去进取的动力。

心理故事

自我否定型

小兵，男，20岁，大学二年级学生。他性格内向，不善言谈，遇到事情总爱一个人苦思冥想。大学一年级第二学期，他有一门课不及格，再加上未通过英语四级考试，便认为自己的学习能力不强，无法适应大学的学习。他觉得自己缺乏社交能力，经过两年的大学生活，始终没有找到知心朋友，心里有话无处倾诉，有事也没有人可以求助。他对自己就读的大学不满意，认为缺乏学术氛围，周围的同学都在混日子，自己也只能无所事事，随波逐流。因此，小兵认定自己的前途一片暗淡，将来注定没有出息。

（三）自我扩张型

与自我否定型相反，自我扩张型的学生对现实自我的认识和评价过高，形成虚妄的判断，认为实现理想自我轻而易举，倾向于建立一个不切实际的甚至错误的理想自我，常常以理想自我代替现实自我，盲目自信，虚荣心强，心理防御意识强。如有的学生常以幻想的“我”替代真实的“我”，自认为与众不同，不肯面对现实的自我，沉浸于虚无缥缈的自我中；有的学生常常自吹自擂，目中无人，自我陶醉，却不去为实现自我价值做出努力，心理容易扭曲。个别学生还可能使用不正当手法求得个人欲望的满足，用违反社会道德规范甚至违法犯罪的手段来谋求理想自我与现实自我的统一。

心理故事

自我扩张型

小强，男，21岁，大学三年级学生。他认为自己聪明过人，才能超群，喜欢在别人面前夸耀自己，别人越关注他就越兴奋。他认为自己关注的问题都是哥德巴赫猜想式的，很少有人问津。他对同学有比较强的支配欲，喜欢支配他人而不愿受他人支配。对同学们提出的意见，小强往往无法接受，内心十分反感，甚至经常发怒。他不仅看不到自己的缺点，盲目地为“十全十美的自我”而陶醉，而且总是鄙视周围的同学，既没有异性朋友，也没有同性朋友。

（四）自我萎缩型

这类学生的自我统一比较困难，表现为理想自我极度缺乏或丧失，对现实自我又深感不满。他们往往认为理想自我难以实现，甚至永远无法实现，要么放弃对理想自我的追求，得过且过，消极放任；要么玩世不恭，自轻自贱，自怨自艾，产生自我拒绝的心理，陷入自暴自弃、孤独沮丧等状态。他们最终把自己限制在极小的圈子里，自生自灭。

心理故事

自我萎缩型

小波，男，21岁，大学三年级学生。高中时代，他勤奋好学，成绩在年级里名列前茅，高考时以优异成绩考入重点大学。进入大学之后，他认为高中时期很辛苦，在大学里要潇洒一点，因而长期没有奋斗的目标。他在英语四级考试中未能通过，但对此不着急；计算机考试也未能及格，但他不在乎。他不参加学校里的任何社团，对班级活动也没有兴趣。小波白天逃课睡觉，晚上通宵达旦地上网聊天，还美其名曰“看破红尘”。他的学习成绩因此一落千丈，已经亮了几门“红灯”。

（五）自我矛盾型

这类学生表现为理想自我与现实自我无法协调，内心冲突激烈，持续时间长，自我认知、自我体验、自我控制不稳定，无法形成一个新的自我。此类学生的理想自我和现实自我难以统一，对自己的行为缺乏“我是我”的统合感觉，产生“我非我”“我不知我”的分离感觉，新的自我无法统一。例如，有的大学生可能既自信，也自卑；既诚实，也撒谎；既性格孤僻，也善于交际。

心理故事

自我矛盾型

小萱是某高职院校护理专业的学生，梦想成为备受尊敬、救死扶伤的白衣天使，幻想自己从容照顾患者，给他们带来希望。但现实却不尽如人意，在实训课上，她第一次给模拟人打针时手抖得厉害，针几乎掉落。理论知识也让她苦恼，病症和护理要点总是记不住。课堂讨论时，有想法的她因怕被嘲笑而沉默不语。在社交方面，她渴望融入集体，却在收到聚会邀请时，因莫名不安而拒绝，选择独自待在宿舍。她时而自信能实现理想，时而又因现实挫折自我否定。在理想与现实的矛盾中，她迷茫地寻找统一的自我。

第三节　大学生自我意识完善的途径和方法

一、健全的自我意识标准

自我意识对人的心理健康发挥着重要的作用，它制约着人格的形成和发展，在人格的优化中发挥着强大的动力功能。衡量个体自我意识是否健全没有一个绝对的标准，但是健全的自我意识应包含以下几个方面。

（一）正确的自我认知

自我认知是主观自我对客观自我的认识和评价，它包含两个部分——自我认识和自我评价。其核心内容是“我是一个什么样的人”“我如何看待我自己”。自我认识是对自己身心特征的认识，自我评价是在此基础上对自己做出的某种判断。健全的自我意识，首先表现在了解自己，有自知之明，即对自己的优点和缺点、长处和短处，都能做出恰当、客观的分析和评价，既不妄自菲薄，也不骄傲自大。正确的自我认识是健全的自我意识的基础。

（二）良好的自我体验

自我体验是个体对自己怀有的一种情绪体验，即主观自我对客观自我持有的一种态度。其核心内容是“我对自己的感觉怎么样”。自我意识健全的人，其占主导地位的自我体验是自尊、自信、自爱，他们既不会因自己的不足而懊恼，也不会因自己的优点而得意忘形，能快乐地做自己。

（三）有效的自我调控

自我调控是伴随自我认知、自我体验而产生的各种思想倾向和行为倾向，常常表现为对个体思想和行为的发动、支配、维持和定向，因而又被称作自我调节。自我调控包括自我激励、自强自律等，是自我意识结构中的最高阶段，其核心内容是“我将如何成为理想的那种人”“我将如何实现理想的人生”“我将如何改变自己”。自我调控是自我心理结构中最重要的调节机制，也是心理成熟的最高标志。

二、自我意识完善的途径和方法

培养健全的自我意识是个体不断认识自我、探索自我、完善自我的过程。大学生培养健全的自我意识，需从多方面入手，恰当地运用各种塑造方法。

（一）正确认识自我

“人贵有自知之明”，客观全面地认识自我，实事求是地评价自我，是自我调节和人格完善的重要前提，是培养健全的自我意识的基础。如果一个人能够全面地、正确地认识自己，客观地、准确地评价自己，就能够量力而行，确立合适的奋斗目标，并为实现这一目标而不懈努力。因此，大学生只有打破自我封闭，拓宽生活范围，增加生活阅历，扩展交往空间，积极参加活动，扩大社会实践，才能找到多种参考系，凭借参考系多方面、多角度地认识自我。只有做到不自卑也不过于自信，不骄傲也不过于谦虚，才能充分发挥自己的聪明才智，实现自己的人生价值。大学生具体可以通过以下途径来认识自我。

1. 进行合理的社会比较

生活在社会群体当中，与不同的人建立不同的关系，这是我们进行比较的前提条件。人总是不由自主地将自己和他人进行比较，尤其是与自己身边的同龄人进行比较，在比较的过程中发现自己的优势和存在的问题，认识自己能力的高低、道德品质的好坏、追求的目标是否恰当等。只有掌握科学合理的比较方法，正确地与他人比较，才能正确地评价自己、悦纳自我，以免使自己在比较中产生无谓的烦恼和不安。

第一，通过与他人的比较来认识自我。大学生与他人进行比较时，必须找准比较的对

象，把握好比较的尺度，避免陷入盲目比较产生的自我认知偏差。一方面要选择与自己情况差不多的个体比较，发现自身的优势和成就，克服自卑，获得自我价值感和满足感；另一方面要敢于与周围的强者比较，通过比较来认清自己的不足，看到未来发展的方向，克制自大心理，努力提升自己，弥补差距。

第二，通过自我比较来认识自我。自己是认识自己的重要参照系，通过与自己的过去、现在和将来比较，可以发现自己的变化与奋斗方向。因此，对大学生自我意识的培养，一方面应鼓励学生超越自我，不要满足于现有的成绩；另一方面也要引导学生进行客观的、动态的、多方位的社会比较，从自己的发展历程中认识自我，从而把握真实的自我。

2. 善于总结经验并进行深刻反省

经验法是指通过与事物的关系来认识自我，即通过参加实践活动及观察其成果来认识自我。一个人成功与失败的经验和知识对他来说都是一种学习，正所谓“经一事，长一智”。对于大学生而言，应该积极参与更多的实践活动，在各方面的活动中展现自己的聪明才智、情感取向、意志特征和道德品质。子曰：“吾日三省吾身。”认识自我看似容易，实则困难重重。通过自我反省，重新认识自己做过的事情和走过的路，这既是一个吸取教训、总结经验的过程，同时也是一种开拓创新的方式。

心理故事

小龙为了争取学校的奖学金，在大学学习很用功。令人欣慰的是，小龙在第一学年就获得了学校的二等奖学金，奖金为500元，他很高兴。然而，有一天，他无意中听到一位同学讲：“才500元，还不够我们去一次茶楼呢，瞧他小人得志的样子。”虽然500元对小龙的家境来说算是一笔不小的数目，但他听到个别同学的议论后，瞬间就像掉进了冰窖，脑海里不停地萦绕着一个问题：我真的是小人得志吗？小龙本来不在意自己的家庭出身，而现在却被这从来没有想过的问题困扰住了。他的心情变得乱七八糟，原本比较健谈的他突然变得沉默寡言，也不再参加集体活动，学习成绩更是一落千丈。

小龙学习勤奋，付出的努力终于得到了回报，可是旁人的言语却让他跌入谷底，丧失了信心，产生了自卑心理。其原因在于，小龙对自己及自己的家庭没有一个客观的认知，没有找到正确的参考系，所以过于在意他人对自己的看法，不能够接纳家庭条件贫寒的事实而否认自我。

3. 科学使用评价方法

第一，通过分析他人对自己的评价来认识自我。正确分析他人对自己的评价，是自我认识的一条重要途径。大学生往往比较在乎他人，尤其是有影响力的评价者对自己的看法。这一般会引起两方面的反应：一部分大学生积极地接受他人的看法，另一部分则认为他人的评价不符合实际。评价者的特点、评价的性质将会影响到他们对评价的接受程度。开展同学之间的互评，教师给予具体且个性化的评价，都有助于大学生自我意识的发展。但应注意评价的准确性、全面性、公正性，不切合实际、片面、不公正的评价，可能导致自我认识的偏差。当然，大学生应正确对待他人对自己的评价，通过分析他人对自己的评价进一步认识自我，而不是对他人指出的缺点耿耿于怀，也不应因为自己的优点而沾沾自喜。

第二，进行正确的自我评价。正确的自我评价是大学生心理健康的重要条件，大学生通过进行自我观察、自我认定、自我判断和自我评价，能了解自我、接纳自我；能体验自我存在的价值；能对自己的优缺点做出恰当的评价，不苛求自己，自尊、自强、自制、自爱，正视现实，积极进取；能使生活的目标和理想切合实际，对自己感到基本满意，心理相对平衡。

心理故事

滤镜背后的迷失

小薇是某高职院校美妆专业的学生，在课余时间经营短视频账号，分享化妆技巧。起初，她录制真实的“手残党逆袭”教程，粉丝们纷纷夸赞她“真实可爱”。然而，有一天，一条恶评刺入眼帘：“单眼皮塌鼻子也好意思教化妆?”她颤抖着删掉视频，开始用修图软件放大双眼、缩窄鼻翼，甚至将肤色调至苍白。

之后，小薇的粉丝数暴涨，评论区充满了“仙女下凡”之类的夸赞。她沉迷于这种精修的人设，直播时必定开启十级美颜，连上课时都戴着浓密的假睫毛。直到闺蜜翻出她的旧照并发在班级群里，评论道：“薇姐以前多水灵啊，现在像 AI 娃娃!”她当场崩溃：“你们懂什么！只有完美才能被喜欢!”

心理老师约她谈心：“如果滤镜是面具，摘掉后你是谁?”之后，她连续三天素颜拍 vlog。第一天，弹幕上出现了刻薄的评论：“普女装什么美妆博主!”她强忍着眼泪。第三天，却有人留言：“跟着你学遮瑕技巧，我敢素颜出门了。”

如今，小薇的主页签名写道：“修图不如修心，真正的妆是让自己敢见光。”

4. 合理选用测量方法

通过生理测量或检查、人格测验、智力测验、心理健康评定量表等心理测评工具，可以了解自己在智力、人格等方面的特点以及心理健康水平，正确认识自己。比如，症状自评量表（SCL-90），可以帮助我们了解自身的健康状况，增进对自己身心健康的认识；自我和谐量表，可以帮助我们了解自己的和谐状况；气质类型测试，可以帮助我们大致确定自身的气质类型；焦虑自评量表（SAS），可以帮助我们重新认识并了解自己的情绪；学习动力自我测试，可以帮助我们了解自己在学习动机、学习兴趣、学习目标上是否存在困扰；挫折承受力自评量表，可以帮助我们检测自己应对困难的能力；大学生人际关系综合诊断量表，可以帮助大学生了解自己在人际交往方面是否存在困扰等，增进个体对自身的了解和认识。

5. 从矛盾中整合自我

大学生自我认知过程中理想自我与现实自我、主观自我与客观自我的矛盾相对突出。大学生正处于青年时期，他们心中承载着无数的梦想，每个人都渴望拥有一把通向成功的“天梯”。他们有追求、有理想，成就动机强烈，他们为自己设定了一个完美的“理想自我”，也对大学生活进行了理想化的设定。但在大学生活中，现实与心中的理想慢慢形成了巨大的反差，不少学生出现了“理想真空带”与“动力缓冲带”，一时间迷失了方向。对理想自我的渴望与对现实自我的不满成为大学生自我意识发展的重要组成部分，这使得一些大学生出现自我冲突的现象。

大学生面临自我冲突时需要注意两点：一是理想自我与现实自我存在一定差距是正常的，它可以激励大学生奋发图强，积极向上，向着梦中的方向飞翔；二是当现实自我离理想自我太过遥远时，大学生会产生各种各样的心理不适，甚至自暴自弃，变得平庸无为、无所事事、没有动力。因此，协调自我冲突是培养健全自我意识的必经之路。

（二）积极悦纳自我

悦纳自我即理智地看待自己的长处和不足，坦然平静地接纳真实的自我，并在此基础上产生满足、愉悦、积极、乐观的情绪体验。悦纳自我是自我意识健康发展的核心和关键。个人只有欣然地接受自我，才能有信心去面对真实的自我，才能自尊、自爱，珍惜自己的人格和名誉，注重自我修养，使自己发展到一个较高的境界。悦纳自我要做到以下几点。

1. 无条件接纳自己

悦纳自我首先要喜欢自己，无条件地接纳自己，对于好与坏、成功与失败、优点与缺点全部接纳。其次，要欣赏自己，看到自己身上的闪光点，看到自己成长的潜能与存在的价值。当一个人厌恶自己、讨厌自己时，他根本就没有力量去改善自己的处境。因此，想要改变自己，第一件事便是肯定自己，对自己说：“我真的很不错，我真的真的很不错！我就是我，独一无二的我！”

2. 保持乐观的心态

在大学生活中，我们可能会面临各种生活、学习和人际交往的压力，时常会遇到各种挫折和冲突，对此，我们应当学会保持乐观。例如，有位同学的钱包丢了，导致一个月的生活费没了，但他并没有表现得特别沮丧。当问他原因时，他说：“钱包丢了本来就是一种损失，如果因此让自己变得非常沮丧，损失不是更大了吗？为什么要把金钱的损失扩大为时间和心情的损失呢？我不是粗心的人，但是作为教训，下次我会更小心一点。”如果我们能像这位同学一样遇事保持乐观的心态，不苛责自己，接受自己偶尔也会犯错、也有缺点的事实，反而会给自己更自由的成长空间，让自己有一个更为健康的心理状态。

3. 全面看待自己的优缺点

每个人都既有优点，也有缺点。但是我们在生活和学习中会发现，有的人只能片面地看待自己，要么只能看见自己的缺点，觉得自己一无是处，活得自卑痛苦；要么觉得自己全是优点，问题和缺点都是他人的，充满优越感。不管是自卑还是自负，都会成为我们成长路程上的阻碍。只有全面看待自己的优缺点，才能认识真实的自己，与人交往时才能做到进退有度。

心理故事

追求通才的学生们

在一所高职院校里，一群学生围坐在一起，互相倾诉着内心的想法。他们羡慕着别人的长处，对自己的不足唉声叹气。于是，他们商定要制订一套独特的学习计划，立志通过努力，把自己打造成样样精通的通才。

他们给自己安排了满满当当的课程，涵盖了专业技能提升、语言表达强化、艺术素养培养以及体育特长训练等多个领域。每个学生都干劲十足，报名参加了所有课程。

一段时间后，擅长编程的小宇在专业技能课程上表现出色，可一到演讲课，就紧张得语无伦次，声音颤抖；能歌善舞的小萱在艺术素养课程中光彩照人，体育训练却让她力不从心，体能测试成绩惨不忍睹；英语口语流利的小辉在语言学习方面轻松领先，面对复杂的电路焊接实操却手忙脚乱，屡屡出错；而动手能力强的小泽，在机械组装实践中表现优异，可对艺术鉴赏毫无头绪，作业完成得一塌糊涂。

大家在学习过程中愈发迷茫，压力也越来越大，痛苦不堪。最终，他们意识到不能盲目跟风，一味追求全面发展，而忽略了自身优势。于是，他们决定回归初心，专注于发挥自己的长处。此后，校园里又充满了他们自信的笑容，大家都在各自擅长的领域中闪闪发光，积极又快乐。

（三）有效调控自我

从心理健康的角度看，自我调控是个体主动定向地改变自己的心理品质、特征以及行为的心理过程，是自我心理结构中最重要的调节机理，也是心理成熟的最高标志。大学生精力旺盛、富有朝气，但也极易冲动、情绪多变，这是因为大学生的自我控制能力还较差。尤其是处于低年级的大学生，其自我控制能力较弱，冲动性较明显。大学生可以从以下几方面进行有效的自我调控。

1. 确定合理恰当的奋斗目标

大学生应从实际出发，使自己的行为与社会需求保持一致，才能得到社会的认可。在充分了解自己的基础上，规划好自己的发展方向，不苛求自己，也不被他人的要求左右。将远大的理想分解成一个个远近高低不同的子目标，从而由近及远、由低到高，循序渐进，逐步实现。

2. 制订切实可行的计划

大学生由于心智尚未完全成熟，又缺乏足够的自制力和意志力，因此要逐渐养成良好的习惯，制订完善的行动计划和程序，使自己的行为有条不紊，避免盲目和不知所措。同时也要注意制订计划后应严格执行，把这些任务分解成小的目标和任务，在不断取得小的成功的过程中提升自我效能感。对于计划与目标，不能朝令夕改，也不要想着“一口气吞掉一头大象”，这样永远会让人觉得挫败，认为任务不可能完成。

3. 培养良好的意志品质

意志是行动的保障，只有意志坚强的个体，才能有效地调节和控制自我，不断接近理想自我。否则，自我的成长就停留在了认知的层面，成为空谈。良好的意志品质具体表现为自觉地确立自我调控的目标，果断地放弃与目标不符的想法与行为，并努力使自己回到正确的轨道上，自觉抵制诱惑，坚持正确的想法与行为，最终达成目标。

每个人的言行都难免偏离正确的方向，如果自我意识不发挥作用，那些小问题就可能演变成不利于个人成长、危害社会的严重问题。只有不断对照正确的认知，坚持正确的，去掉错误的，才能逐渐使自己的言行符合社会准则，成为一个高素质的、适应社会的人。

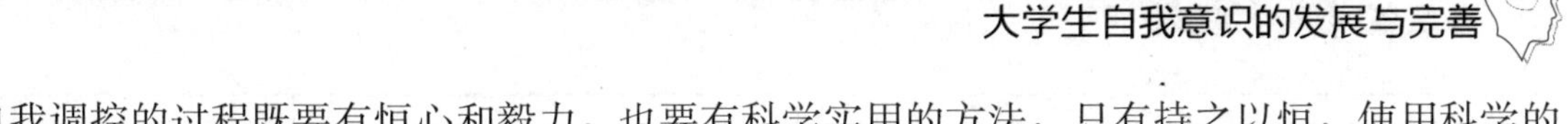

自我调控的过程既要有恒心和毅力，也要有科学实用的方法，只有持之以恒，使用科学的方法，我们才能循序渐进、不断成长。

心理故事

小王是某高校的学生，他在进校不久就制定了详细的大学生活规划和职业生涯规划。他打算在一年级时学好基础课，通过英语和计算机的等级考试；二年级时学好专业知识，争取拿到本专业相关的职业资格证书，多出去实习，有空余时间再找个兼职工作，多和社会接触；三年级时进入一家企业见习，多获得一些经验，毕业后找一份合适的工作先锻炼两年。最后计划自己开一家公司进行自主创业。小王依据自我设计，准备不断充实自己的知识储备、培养自己的实践能力、形成良好的素质及人格品质，做出一番事业。这个阶段的大学生的成就动机是最强的，但是要达到知行合一，就需发挥个体自我控制力的监控与督促作用。

（四）不断完善自我

自我完善是指个体在认识自我、认可自我的前提下，在现实环境的基础上，自觉规划目标，主动调节自身行为，积极发挥自己的优势并弥补自己的不足，促进个性心理的全面发展。此外，还要不断加强自我修养和自我塑造，以适应社会要求。大学既是学习的黄金时代，也是大学生人格成长、自我意识不断完善的关键时期，大学生应致力于不断完善自我，才能对自我产生更多的认可和喜悦。

1. 确立正确的理想自我

正确的理想自我是在自我认识、自我认可的基础上，按照社会需要和个人特点来确立的自我发展的目标。大学生要积极探索人生、理解人生，树立正确的人生观、价值观和世界观。确立正确的理想自我需要找到合适的人生坐标，从个人与社会的联系中认识并实现自己的人生价值和意义，并在实现这一目标的过程中努力地完善自己，积极主动地投身社会实践，为社会服务，勇于承担重任。

2. 注重自我价值的实现

大学生应在为他人和社会服务、为国家和民族做出贡献的过程中实现自我价值。当然，完善自我是一个长期的过程，必须坚持不懈、持之以恒，才能使现实自我不断地向理想自我靠拢，并最终实现自己的人生目标。

完善自我、超越自我是我们终生努力的目标。大学生应根据社会要求不断改造自我，把自己的未来同祖国、社会结合在一起，在行动上全力以赴，使自己的能力、品行得到最大限度的发挥。正如柏拉图所言，最初和最重要的胜利是征服自己。只有科学地认识自我，正确地设计自我，严格地管理自我，才能站在历史的潮头去开创崭新的人生。

心理测试

你的自我接纳程度如何？

请仔细阅读以下每道题目，在最符合自己实际情况的数字上打钩。每道题不必过多考虑，根据最初的感觉选择即可。

题目	非常不符合	基本不符合	基本符合	非常符合
1. 我从来不敢说出来内心的愿望。	1	2	3	4
2. 我几乎全是优点和长处。	4	3	2	1
3. 我认为异性肯定喜欢我。	4	3	2	1
4. 我总是因为害怕做不好而不敢做事情。	1	2	3	4
5. 我对自己的身材和相貌感到很满意。	4	3	2	1
6. 总体来说，我对自己很满意。	4	3	2	1
7. 做任何事情只有得到别人的肯定我才放心。	1	2	3	4
8. 我总是担心会受到别人的批评或指责。	1	2	3	4
9. 学习新东西时我总是比别人学得快。	4	3	2	1
10. 我对自己的口才感到满意。	4	3	2	1
11. 做任何事情之前我总是预想到自己会失败。	1	2	3	4
12. 我能做好自己的所有事情。	4	3	2	1
13. 我认为别人都不喜欢我。	1	2	3	4
14. 我总担心自己会惹别人不高兴。	1	2	3	4
15. 我很喜欢自己的性格。	4	3	2	1
16. 我总是担心别人会看不起我。	1	2	3	4

计分方法：

其中的8个题目（1，4，7，8，11，13，14，16）为自我接纳因子，为反向计分题；另外8个题目（2，3，5，6，9，10，12，15）为自我评价因子，为正向计分题。最后，将总分相加。

分数解释：

得分越高，说明自我接纳程度越高。如果在这个小测试中，你发现自己的得分偏低，大多数正向计分的选项都不太符合你日常生活中的情况，那么你非常有必要提高自己的自我接纳程度。可以梳理你不喜欢自己的地方，有必要的话，可以在心理老师的帮助下学习喜欢自己、欣赏自己，从而更好地发挥自己的潜能。

你的自我意识如何？

请认真阅读下面的每一道题目，并根据自身情况填写“是”或“否”。

1. 你每天照镜子达3次以上。（　　）
2. 你基本不在乎别人对你的看法。（　　）
3. 你觉得有时候自己也不了解自己。（　　）
4. 你很留意自己心情的变化。（　　）
5. 你常把自己与他人进行比较。（　　）

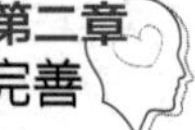

6. 你常常在晚上反思自己白天的行为。(　　)
7. 在做错一件事情后，你常常弄不明白当时自己为什么要那样做。(　　)
8. 你比较注重自己的外表。(　　)
9. 你做事情的随意性很大。(　　)
10. 在做出一个决定时，你通常清楚这样做的理由。(　　)
11. 你努力揣摩别人的想法，并努力按照别人的意愿去做。(　　)
12. 你总是穿着得体。(　　)
13. 你不清楚自己是好脾气还是坏脾气。(　　)
14. 你不太清楚自己的能力是比其他人弱还是强。(　　)
15. 你不太清楚自己将成为怎样的一个人。(　　)
16. 你总担心自己不能给其他人留下一个好印象。(　　)
17. 你对自己的举止有自知之明。(　　)
18. 在遭遇挫折后，你总是会对自己的行为进行反思。(　　)
19. 你常常因控制不住自己而发火。(　　)
20. 有时，你自己也不知道为什么沮丧。(　　)
21. 考试前，你通常无法预测自己能否过关。(　　)
22. 很多事情你答应下来后才发现自己无法顺利完成。(　　)
23. 当遇到不快时，你总是设法走出低沉的情绪。(　　)
24. 每次考试结束后，你并不清楚自己能得多少分。(　　)
25. 你总是觉得自己的动机很明确。(　　)
26. 你相信自己总能给别人留下一个好印象。(　　)
27. 你常常莫名感到烦躁。(　　)
28. 你不知道自己与谁谈得来。(　　)
29. 你很清楚自己的长处与短处。(　　)
30. 一般而言，你很清楚自己所追求的是什么。(　　)

计分方法：

第4，5，6，8，10，12，17，18，23，25，26，29，30题，回答“是”记0分，回答“否”记1分。其余各题，回答“是”记1分，回答“否”记0分。

分数解释：

总分越低，说明你对自己的认识越客观。

9分以下：说明你对自己的认识客观，能跳出自身的局限认识事物，这往往可以让你远离错误，但有时你可能会低估自己的魅力。

10～19分：说明你总是依靠经验来认识自己，朋友的鼓励和提醒对你而言相当重要。

20分及以上：说明你的自我认识还没有被开发出来，有时候，你会意识到自己具有某种缺陷，但是无法得知是什么造成的。

第四节　人格的塑造

在人的各种素质中，人格占据最高层次，对人的内在品质起最终决定作用。大学阶段依然是大学生人格不断发展的时期。大学生塑造健全人格能有效调节情绪、建立良好人际关系，促进学习与职业发展，为促进社会的和谐文明、可持续发展贡献力量，是大学生实现自我成长并推动社会进步的关键要素。

一、人格概述

（一）人格的内涵

从心理学的角度看，人格是个体在遗传素质的基础上通过与后天环境的相互作用而形成的、具有一定倾向性的、相对稳定和独特的心理行为模式。人格反映了一个人的整体精神面貌，即心理品质或心理特征的总和。

（二）人格的特征

人格具有独特性、稳定性、整体性和功能性的特点。其中，独特性是人格最突出的特点，即一个人区别于他人的特征。世界上没有人格完全相同的两个人。

1. 独特性

人格的独特性是指每个人的人格都是独特的，不同的遗传素质、生存环境、教育方式相互作用，形成了个体独特的心理属性。世界上绝对没有人格完全相同的两个人，人格在不同的环境下、不同的个体身上都有不同的含义。例如，“反抗”在不同的环境下具有不同的含义，对恶势力的反抗带有“捍卫”的含义，对美好环境的反抗带有“破坏”的含义。

当然，我们并不否认生活在同一社会中的人群在某些心理或行为特征上具有共同性，如中华民族勤劳勇敢、组织纪律性强，欧美人个性强、表达直接开放等。但从整体上而言，每个人的人格都是独一无二的。

2. 稳定性

人格具有相对稳定性，一个人的人格及其特征在时间上具有前后一贯性，在空间上具有一定的一致性。例如，某个人的性情比较急躁，他昨天是这样，今天是这样，明天很可能还是这样。同样，这个人在学习上比较急躁，在工作中也是这样，在日常生活和人际交往中也会表现出急躁。在不同时间、不同场合表现出相同的心理特质，这就是人格的稳定性。

当然，这个人有时在某种场合也会表现得比较沉稳。这时我们会说：他的举止和平时不一样。需要注意的是，人格虽然具有稳定性，但并非一成不变。随着生理的成熟、客观环境的变化以及心理的发展，人格可能会发生变化，这是人格可塑性的一面。

3. 整体性

人格的整体性是指人格有多种成分和特质，如能力、气质、性格、价值观以及行为习惯等，但在个体身上，它们并不是孤立存在的，也不是简单堆积起来的，而是相互联系、

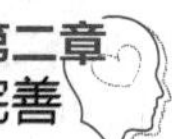

交互作用组成的一个有机整体。人格的整体性是心理健康的重要指标之一。个体如果能够正确地认识和评价自己，能及时地调整自己的心理冲突，那么个体人格结构中的各个方面就会和谐一致，使个体呈现出健康的人格特征。而个体如果失去了人格的内在统一性，就会出现心理冲突，产生适应困难，甚至出现“人格分裂”。

4. 功能性

人格在一定程度上影响着一个人的行为方式，甚至决定着一个人的人生成败，也就是所谓的“性格决定命运”。人的思想行为受人格特征的影响而产生不同的结果：当人格能正确发挥其功能时，人格的力量是健康而有力的，能有效地支配和调节人的言行，对人的思想行为起积极促进作用；而当人格功能失调时，其力量是软弱无力的，不能很好地调控人的言行，对人的思想行为起消极作用，甚至使人出现变态人格、反社会人格等。

（三）人格的结构

人格是一个复杂的结构系统，从广义的角度来看，人格是个体心理面貌的总和。从狭义的角度看，人格包括需要、动机、兴趣、能力、气质、性格、自我调控等成分。在这里，我们主要介绍气质。

1. 气质的概念

气质和人格一样源于拉丁语，它和我们常说的“秉性”“脾气”“性情”相近，是人们最典型、最稳定的心理特点。在现实生活中，我们可以看到有人性情急躁，有人说话做事总是慢条斯理，有人活泼好动，有人则喜欢独处……这就是不同的气质类型。

气质是与生俱来的，在很大程度上是由遗传决定的，年龄越小，气质的原始表现越明显。俗话说“江山易改，禀性难移”，说明气质较难改变，具有天赋性和稳定性的特点。同时，由于人具有主观能动性，能够对其表现进行调控，因此气质也具有一定的可塑性。

2. 气质的类型

关于气质的类型，心理学家提出了多种气质学说，如阴阳五行说、血型说、激素说、体型说、体液说、高级神经活动类型说等。其中，最具代表性的是体液说。

古希腊的医生希波克拉底最早提出气质体液说。他认为人体内有四种液体，即血液、黏液、黑胆汁、黄胆汁。血液生于心脏，黏液生于脑，黑胆汁生于胃，黄胆汁生于肝脏。体液的不同比例搭配形成了四种不同类型的人。在此基础上，罗马医生盖伦提出了人的四种气质类型，即胆汁质、多血质、黏液质、抑郁质（见表 2-2）。

表 2-2 气质类型

气质类型	主要特征	代表人物
胆汁质	精力充沛、思维灵活、行动敏捷、工作热情高，但缺乏耐心；性格爽朗、热情、率真，脾气火暴，爱争论；情感来得快、强烈且外露，却难持久，易冲动；虽然学习领悟力强，但理解粗放不深入；积极奋进，不惧困难，为人豪爽，有魄力，但做事莽撞，有时刚愎自用	张飞
多血质	情绪丰富且外露，喜怒哀乐皆形于色；语言表达能力强且富有感染力，一件平淡无奇的小事都能被描绘得精彩无比；待人热情亲切，善于交际，易于适应不断变化的新环境；机智灵敏、思维灵活，但常对问题不求甚解；注意力与兴趣易转移，缺乏耐心和毅力，稳定性差，容易见异思迁	王熙凤

续表

气质类型	主要特征	代表人物
黏液质	感受性弱、耐受性强，行动稳定迟缓，沉默寡言，安静、稳重，善于克制忍让；情绪微弱、持重，不易激动和外露；交际适度，不尚空谈，不易激动，不易发脾气，善于保持心理平衡；注意力、情感、兴趣稳定，难于转移，可以长时间坚持不懈，有条不紊地从事自己的工作；对新事物不敏感，缺乏热情，显得因循守旧、过分刻板	薛宝钗
抑郁质	有较强的感受性，小心谨慎，沉静含蓄，做事稳妥可靠，感情专一，但行动缓慢，遇事往往缺乏果断和信心，在困难面前容易优柔寡断；聪明而富于想象力，自制力强，注重内心世界，但不善交际，孤僻离群；心思细腻，善于觉察到别人不易发觉的细节，但感情比较脆弱，一点小事就能引起情绪波动，容易神经过敏，患得患失	林黛玉

在现实生活中，单一气质的人并不多，绝大多数人是四种气质相互混合、渗透，兼而有之。

气质是人的天性，本身无优劣之分，任何一种气质都有积极和消极的方面，气质也不能决定一个人社会价值和成就的高低。不同气质类型的人在面对同样情境、同样事情时的态度及处理方式往往截然不同，大学生要合理看待自己的气质类型，有意识地控制气质中的消极品质，发扬积极品质，形成良好的个性。

心理故事

在某高职院校的社团活动日，校园里热闹非凡。晓峰、雅琴、宇轩和嘉怡四人在社团活动结束后，来到校园花园的长椅边休息。他们把自己心爱的限量版棒球帽随手放在长椅上，这时，另一位同学匆匆跑来，一屁股就坐在了帽子上。

晓峰是典型的胆汁质气质，脾气急躁，情绪来得快，去得也快。他瞬间火冒三丈，猛地站起身，一把揪住那位同学的衣领，大声吼道："你怎么回事啊！没长眼睛吗？这是我好不容易买到的限量版帽子，被你坐坏了！"周围同学纷纷投来惊讶的目光，那位同学也被吓得不知所措，连连道歉。晓峰却依旧不依不饶，直到社团老师赶来调解，他才稍微消了点气。但接下来的一整天，他都因为这件事耿耿于怀，在社团活动中也表现得格外急躁，频繁出错。

雅琴属于黏液质气质，性格沉稳，情绪内敛。看到帽子被坐坏，她只是微微皱了下眉头，什么也没说，默默从口袋里拿出一根棒棒糖，剥开糖纸，放进嘴里。她虽然有些不悦，但觉得没有必要大吵大闹，破坏了活动的氛围。之后，她继续和其他同学讨论社团接下来的活动安排，仿佛刚才的事情没有发生过。不过，在之后的几天里，她会在闲暇时仔细查看帽子的损坏情况，默默思考修复的办法，只是没有将这件事过多地挂在嘴边。

宇轩是抑郁质气质，心思细腻敏感。当看到帽子被坐坏的那一刻，他的心情瞬间跌入谷底，脸上的笑容消失得无影无踪。他无奈地叹了口气，坐在一旁，眉头紧锁，一直愁眉苦脸。在接下来的社团活动中，他也提不起精神，对同学们的欢声笑语充耳不闻，满脑子都在想自己怎么这么倒霉，这顶帽子对他而言有着特殊的意义，现在却被弄坏了。回到宿舍后，他躺在床上翻来覆去，难以入眠，为这件事纠结了许久。

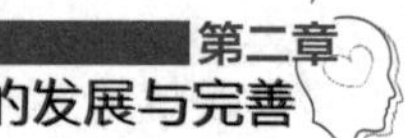

嘉怡是多血质气质，活泼开朗，善于交际。她笑着对那位同学说："嘿，你这一坐，可给我的帽子来了个'特殊造型'呀！不过没关系，咱们看看能不能把它恢复原样。"那位同学满脸愧疚，连忙表示愿意赔偿。嘉怡摆摆手，说："先别着急，我们一起想想办法。"于是，两人一边研究帽子的损坏情况，一边愉快地聊天。在交流过程中，嘉怡发现这位同学对社团活动也很感兴趣，便热情地邀请他加入自己的社团。一场原本可能引发冲突的小插曲，就这样在嘉怡的积极应对下，变成了结交新朋友的契机。之后，在社团活动中，两人还成为很好的搭档。

二、大学生健康人格的塑造

人格具有稳定性与可塑性。社会的快速发展对大学生提出了更高的要求，这促使当代大学生努力塑造健康人格，以更好地适应时代的发展需求。大学生健康人格的特征包括以下几个方面。

（一）正确的自我意识

正确的自我意识是大学生培养健全人格的首要条件。人格健全的大学生能够悦纳自己，自尊、自信，能以客观的眼光来看待自己的优点和缺点，对自己有恰如其分、全面客观的认识、评价与分析。这类大学生对自己的现状比较满意，能够制定出符合自身条件的目标和计划，在日常的生活和工作中能有效地调节自己，与外界环境保持平衡。

人格心理学家认为，若个体能充分发挥自我意识的统一功能，构建积极整合的人格结构，并使自身行为与外部世界协调一致，即可视为心理健康者。反之，若无法实现这种整合，则可能导致心理失衡。

（二）良好的情绪调控能力

良好的情绪调控能力标志着人格的成熟。具有健全人格的大学生情绪稳定，能恰当地表达情绪，反应适度，具有调节和控制情绪的能力，能找到合适的途径宣泄、排解消极情绪；能够以正确的心态面对问题、解决问题，经常保持愉快的心情，善于自得其乐，富有幽默感。

大学生的情绪体验丰富，情绪波动性较大，容易因一时成功而欣喜不已，也会因一点挫折而垂头丧气，呈现情绪两极间的波动；有时还可能出现莫名其妙的情绪交替与变化。同时，大学生的自尊心强，对一些事物过于敏感，这也增加了情绪的波动性。

（三）和谐的人际关系

人际关系是指人与人在相互交往的过程中形成的心理关系。大学生正处于渴望交往、渴望理解的心理发展时期，良好的人际关系是他们心理正常发展、人格保持健康和获得安全感、归属感、幸福感的重要条件。良好的人际关系能使大学生获得支持性的信息，能够确定自我在社会中的价值感，维持健康的心态；反之则会导致自我价值感的危机。

（四）良好的社会适应能力

社会适应能力是指个体为了更好地生存而在心理上、生理上以及行为上做出各种适应性的改变，与社会达到和谐状态的一种能力，反映了人与社会的协调程度。一般认为，社会适应能力的内容包括以下方面：个人生活自理能力、基本劳动能力、选择并从事某种职业的能力、社会交往能力、用道德规范约束自己的能力。人格健全的大学生能和社会保持良好的、密切的接触，他们会主动关心社会、了解社会，关注社会发展的积极面，不断调整自己的身心状态，使自己的思想、观念、行为与时代接轨，表现出良好的适应能力。

（五）乐观的人生态度

乐观是指精神愉快，对事物的发展充满信心，与悲观相对。大量研究表明，乐观能帮助个体在压力下保持健康。与悲观者相比，乐观者对生活的满意度较高，抑郁的可能性较低。

大学生拥有乐观向上的生活态度也就拥有了积极的心态和快乐的人生，也就拥有了不断进取、追求成功的基石。积极乐观的大学生常常看到生活的光明面，对自己的学习和生活拥有浓厚的兴趣，对前途和未来充满希望和信心。他们努力发挥自己的聪明才智，即使遇到困难和挫折，也能不畏艰难，耐心应对。

三、大学生健康人格的塑造方法

（一）认识并悦纳自我

认识自我是改变自我的开始，大学生要塑造、培养健全的人格，首先就要正确、全面地认识自己的人格特点，不仅要了解自己良好的人格特征，如自信、开朗、正直、勇敢、热情、勤奋、坚毅、诚恳、善良等，也要发现自己人格上的缺陷和不足，如自卑、冷漠、懒散、急躁、狭隘、任性、偏激、依赖、以自我为中心等，这样才能从自身实际出发，扬长补短，发扬自己已有的优点，制订计划，改变自己的不足和缺陷，并持之以恒，完善自己的人格。“金无足赤，人无完人”，每个人都有自己的长处和短处。其中，有些短处是可以改变的，如脾气差、毅力不足等，但也有不能改变的短处，如身材矮小等。对此，我们要保持平和的心态，积极悦纳自我，坦然接受自己所不能改变的现状。

（二）增加积极的情绪体验

积极情绪是指个体由于内外刺激、事件满足自己的需要而产生的伴有愉悦感受的情绪。增加积极的情绪体验有利于个体形成和发展积极的人格品质。有较多积极情绪的个体能在遭遇负面生活事件对其进行主观正确认识、客观评价并积极应对；能收获同学和老师的积极评价，建立良好的人际关系，获得更多的心理支持。久而久之，这些良好的心态与行为特征会稳定下来，帮助个体塑造积极健康的人格。

（三）不断学习，丰富知识

人格塑造需要知识，而且学习知识和增长智慧的过程本身就是优化人格的过程。精神分析学家荣格说：“文化的最后成果是人格。”培根也说：“读史使人明智，读诗使人灵秀，数学使人周密，科学使人深刻，伦理学使人庄重，逻辑修辞学使人善辩，凡有所学，皆成性格。”可见，人的知识越丰富，心理就越完善。现实生活中，许多大学生的人格缺陷源于知识的匮乏，如狭隘、自卑、固执、粗鲁等，而丰富的知识更容易使人自信、坚强、理智、谦和。这表明知识具有塑造人格的力量。大学生正处于学习的黄金阶段，广泛地学习自然科学知识、社会科学知识和专业知识不仅能够提高自己的文化素养和专业技能水平，还能够促进人格的完善。

（四）培养良好的习惯

习惯是人格的基础，养成良好习惯是培养良好人格的重要途径。健康的人格体现在良好的行为方式上，而不良的人格特征大多表现为不良的习惯。一个人的一言一行往往是人格的外化。反过来，一个人日常行为的积淀形成的习惯就构成了人格。习惯是稳定的行为倾向，而人格是稳定的心理和行为方式。心理学研究证明，良好习惯的形成有助于改善人格的内在品质和结构，大学生自觉培养良好的习惯，对塑造健康人格发挥着重要的作用。

培养良好的习惯，一要确定合理的目标模式；二要从小事做起，锲而不舍。确立合理的目标模式，一方面要客观地了解自己的人格现状，知道哪些是好的性格特征，哪些是不好的性格特征，坚持好的，纠正不好的，优化组合，协调发展，制定科学合理的目标。另一方面要以现实生活中具有良好个性的人为榜样，将其作为自己的目标。大学生培养良好习惯的过程，既是运用意志将理想信念付诸行动的过程，也是自我磨砺的过程。良好的品质是知行合一、长期锻炼的结果。从小事做起，培养良好的习惯，是塑造健康人格的基本途径。

知识拓展

大学生培养良好习惯的“五步法”如下图所示。

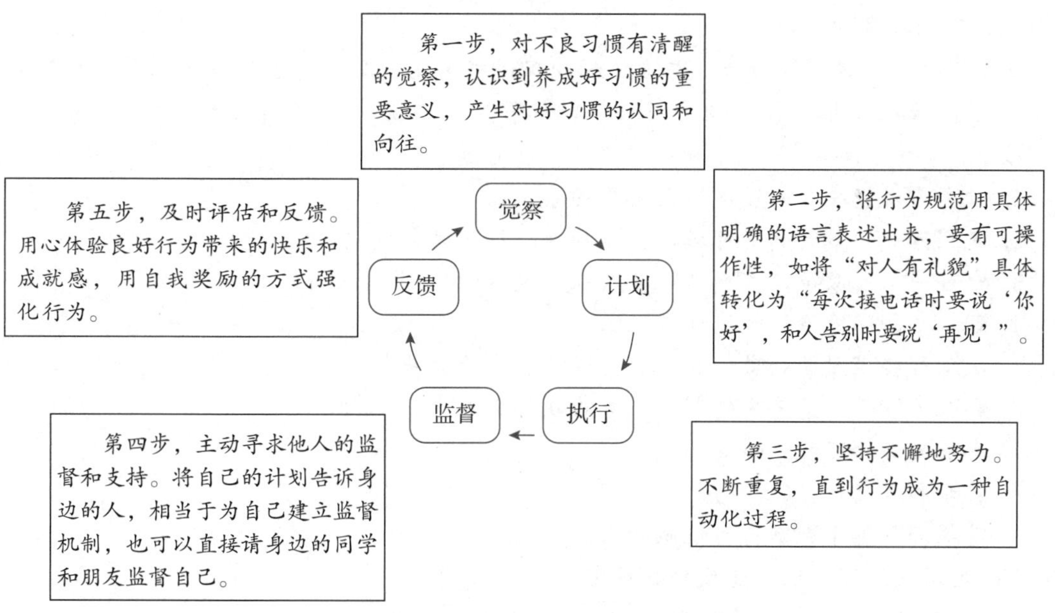

大学生培养良好习惯的“五步法”

（五）建立良好的人际关系

人格发展、塑造的过程是个体社会化的过程，是个体与他人、集体、社会相互作用的过程。能够与他人建立良好的人际关系既是人格健全的标志之一，也是个人获得社会支持的重要途径。美国人际关系学大师卡耐基认为，一个人事业上的成功，只有15%是由他的专业技术决定的，另外85%则要依靠人际关系和他的为人处世能力。因此，大学生要积极主动地进行人际交往活动，在交往过程中掌握与人沟通、交往的技巧和方法，学会信任、尊重他人，关心他人，真诚地赞美他人，互相理解包容，将个人融入集体之中，在交往中对自己的人格做出有针对性的调整，完善人格。

（六）积极参加社会实践活动

社会是一个大舞台，一个人只有经过社会生活的锤炼才能把握好自己的角色，形成自己独特的个性和品格。无论是知识的获取、能力的培养，还是情绪的调节、意志的磨炼，都离不开社会实践活动。一个人的勤奋、坚韧、乐观、细致等人格特征都是长期实践锻炼的结果。因此，在完善人格的过程中，大学生需要积极主动地参加各种实践活动。目前，我国高校社会实践活动内容丰富，形式多样，如志愿者活动、勤工助学、社团活动、社会调查、体育活动等，大学生可在丰富的活动中培养自己吃苦耐劳、敬业奉献、团结协作、善于交往、自信乐观等良好的人格品质。

心理测试

陈会昌气质量表

陈会昌气质量表，又称“陈会昌六十气质量表”。该量表由我国著名发展心理学家陈会昌等编制，共60题，测量4种气质类型（胆汁质、多血质、黏液质和抑郁质），每种气质类型15题。他们的研究结果表明，多数人的气质是两种气质的混合，典型气质和三种气质混合型的人很少。

测试说明：阅读下列句子，与自己的状况进行对比，若与自己的情况很符合，在括号内填“A”，较符合填“B”，介于符合与不符合填“C”，较不符合填“D”，很不符合填“E”。

1. 做事力求稳妥，一般不做无把握的事。（　　）
2. 遇到可气的事就怒不可遏，把心里话全说出来才痛快。（　　）
3. 宁可一个人做事，不愿与很多人在一起。（　　）
4. 到一个新环境很快就能适应。（　　）
5. 厌恶那些强烈的刺激，如尖叫、噪声、危险镜头等。（　　）
6. 和人争吵时，总是先发制人，喜欢挑衅别人。（　　）
7. 喜欢安静的环境。（　　）
8. 善于和人交往。（　　）
9. 羡慕那种善于克制自己情感的人。（　　）
10. 生活有规律，很少违反作息规定。（　　）
11. 在多数情况下情绪是乐观的。（　　）
12. 碰到陌生人觉得很拘束。（　　）
13. 遇到令人气愤的事，能很好地自我克制。（　　）
14. 做事总有旺盛的精力。（　　）
15. 遇到问题总是举棋不定、优柔寡断。（　　）
16. 在人群中从不觉得过分拘束。（　　）
17. 情绪高昂时，觉得干什么都有趣；情绪低落时，又觉得什么都没有意思。（　　）
18. 当注意力集中于某一事物时，别的事物很难使自己分心。（　　）

19. 理解问题总比别人快。（　　）
20. 碰到危险情境，常有一种极度恐惧感。（　　）
21. 对学习、工作怀有很高的热情。（　　）
22. 能够长时间做枯燥、单调的工作。（　　）
23. 符合兴趣的事情，干起来劲头十足，否则不想干。（　　）
24. 一点小事就能引起情绪波动。（　　）
25. 讨厌做那种需要耐心的工作。（　　）
26. 与人交往不卑不亢。（　　）
27. 喜欢参加热闹的活动。（　　）
28. 爱看感情细腻、描写人物内心活动的文艺作品。（　　）
29. 工作学习时间长时，常感到厌倦。（　　）
30. 不喜欢长时间谈论一个问题，愿意实际动手做。（　　）
31. 宁愿侃侃而谈也不愿窃窃私语。（　　）
32. 别人总是说自己闷闷不乐。（　　）
33. 理解问题常比别人慢些。（　　）
34. 疲倦时，只要短暂休息就能精神抖擞，重新投入工作。（　　）
35. 心里有话宁愿自己想，不愿说出来。（　　）
36. 认准一个目标就希望尽快实现，不达目的誓不罢休。（　　）
37. 学习、工作一段时间后，常常比别人更疲倦。（　　）
38. 做事有些莽撞，常常不考虑后果。（　　）
39. 教师或他人讲授新知识、新技术时，总希望他讲得慢些，多重复几遍。（　　）
40. 能够很快忘记那些不愉快的事情。（　　）
41. 做作业或完成一件工作总比别人花的时间多。（　　）
42. 喜欢运动量大的剧烈的体育运动，或者参加各种文艺活动。（　　）
43. 不能很快地把注意力从一件事情转移到另一件事情上去。（　　）
44. 接受一个任务后，希望迅速把它完成。（　　）
45. 认为墨守成规会比冒风险更稳妥。（　　）
46. 能够同时注意几件事物。（　　）
47. 当自己烦闷的时候，别人很难使自己高兴起来。（　　）
48. 爱看情节起伏跌宕、激动人心的小说。（　　）
49. 对工作持认真严谨、始终一贯的态度。（　　）
50. 和周围人的关系总是相处不好。（　　）
51. 喜欢复习学过的知识，重复做熟悉的工作。（　　）
52. 希望做变化大、花样多的工作。（　　）
53. 小时候会背的诗歌，自己似乎比别人记得更清楚。（　　）
54. 别人说自己出语伤人，可自己并不觉得这样。（　　）
55. 在体育活动中，常因反应慢而落后。（　　）
56. 反应敏捷，头脑机智。（　　）
57. 喜欢有条理而不甚麻烦的工作。（　　）

58. 兴奋的事情常使自己失眠。（ ）

59. 教师讲新概念时，常常听不懂，但是弄懂了以后就很难忘记。（ ）

60. 假如工作枯燥无味，马上就会情绪低落。（ ）

计分标准：

A 计 2 分，B 计 1 分，C 计 0 分，D 计 −1 分，E 计 −2 分。按下面的题号汇总各类得分：

胆汁质题号：2，6，9，14，17，21，27，31，36，38，42，48，50，54，58。

多血质题号：4，8，11，16，19，23，25，29，34，40，44，46，52，56，60。

黏液质题号：1，7，10，13，18，22，26，30，33，39，43，45，49，55，57。

抑郁质题号：3，5，12，15，20，24，28，32，35，37，41，47，51，53，59。

分数解释：

1. 如果某气质类型得分明显高出其他三种，且均高出 4 分以上，则可认定为该类气质。如果得分超过 20 分，则为该气质的典型；如果得分在 10～20 分，则为一般型。

2. 如果两种气质类型得分接近，其差异低于 3 分，而且又明显高于其他两种类型的得分（4 分以上），则可认定为这两种气质的混合型。

3. 三种气质得分均高于第四种，而且得分接近，则为三种气质的混合型。

4. 如果四种气质类型得分均不高且差距在 3 分以内，则可能是没有如实作答，也可能是四种气质类型的混合型，但这种情况很少见。

心理活动训练

认识我自己

1. 每个人性格中都有优缺点，正确认识自己性格中的优缺点将会帮助你更快成长，请用心填写下表。

我的性格

	优点（尽量多写）	缺点
内容		
优化措施		

2. 自大、自卑、嫉妒是大学生常见的不良心理，请结合自己的情况谈一谈，如何在生活和学习中克服这几种不良心理。

3. 请举一个自己经历中最让你骄傲的成功案例，并与朋友分享。

4. 你曾经遇到过挫折吗？是什么？请思考如何应对生活、学习中遇到的挫折，并与大家分享。

自省与成长

1. 大学生自我意识发展的特点有哪些？

2. 结合自身实际，谈谈如何培养理性的自我意识。

3. 阐述大学生塑造健康人格的途径与方法。

4. 进行气质类型测试，并结合自身特点，谈一谈你属于哪种气质类型，带给你的启发是什么。

第三章

大学生情绪、情感问题与管理

学习目标

1. 了解大学生情绪、情感的特点以及情绪的功能。
2. 学会识别情绪。
3. 学会有效表达情绪。
4. 掌握大学生常见的情绪困扰与管理情绪的方法。

案例导入

小张是某高职院校的一名大一学生，性格比较直爽，但有时比较冲动。最近，他因为一件小事与室友发生了冲突。事情是这样的：一天晚上，小张回到宿舍，发现他心爱的电子产品——一款限量版的游戏手柄被弄坏了。原来，室友小刘在小张不在时，想借来玩玩游戏，却不小心弄坏了手柄。小张对此非常生气，当场大发雷霆，冲着小刘大声吼道："你这是什么意思？这是我的东西，你凭什么弄坏它！"小刘感到很委屈，解释说："我只是想借来玩玩，没想到会弄坏。"但小张完全听不进去，两人争吵了起来。争吵之后，小张对这件事一直耿耿于怀，心情烦躁，甚至影响到了自己的学习和与室友的关系。

小李是一名高职院校的大二学生，最近他感到非常焦虑。焦虑主要来源于即将到来的期末考试，他担心自己无法达到预期的成绩。随着考试的临近，他发现自己越来越难以集中注意力，睡眠质量明显下降，甚至出现了失眠的情况，这让他更加焦虑不安。

情绪是一种常见的心理现象，它每时每刻都在影响着人们的生活。有人说，情绪是生活的七彩阳光，正是丰富的情绪才让人们感受到生活的多姿多彩；有人说，情绪是人生的梦魇，许多人常常为情所惑、为情所困、为情所累、为情所伤。那么，情绪究竟是什么？情绪对大学生的心理世界和社会生活有着怎样的影响？心理学家已经对情绪的概念、分类和功能等问题进行了深入的研究，为我们认识和了解情绪打开了一扇心灵之窗。

第一节　认识情绪、情感

一、情绪和情感

情绪（emotion）和情感（affect）是人的一种基本心理活动形式，是个体在特定情境下对客观事物的态度和体验。情绪和情感是心理学中的重要概念，虽然两者密切相关，但存在着本质差异。情绪是短期、剧烈的心理生理反应，通常由具体事件或刺激引发，由生理唤醒、主观体验和外部表现三种成分构成，缺一不可。相比之下，情感则更加持久和稳定，它反映了我们对生活中长期经历和评价的综合感受。

情绪是大脑的机能，大脑皮质对情绪起调节和抑制作用，边缘系统是情绪产生的中枢。另外，内分泌系统和自主神经系统也参与情绪活动。情绪反映的不是客观现实本身，它是人脑对客观现实的反映，是情感产生的直接原因。符合主体需要和愿望的刺激，会引起积极的、肯定的情绪，相反就会引起消极的、否定的情绪。每种情绪都有不同的主观体验，它们代表了人的不同感受，如快乐、痛苦、愤怒、悲哀等。情绪体验是一种主观感受，我们很难根据情绪体验确定其对应的客观刺激是什么，并且不同人对同一刺激也可能产生不同的情绪。比如，同样是下雨，有的人会感觉心情愉悦，由雨景产生美好的联想；有的人却产生消极的情绪，抱怨下雨天路途泥泞。

二、情绪的三种状态

人的一切心理活动都带有情绪色彩，而且情绪的表现形式多种多样。依据情绪发生的强度、持续性和紧张度，可以把情绪状态分为心境、激情和应激三种状态。

（一）心境

心境是一种微弱、平静且持久的情绪状态，宛如潺潺溪流，虽然不汹涌澎湃，但能长久地流淌在个体的心理世界中，这种情绪状态具有弥散性和长期性两大特点。处在某种心境中的人，往往以同样的情绪状态看待一切事物，就像“忧者见之而忧，喜者见之而喜”所描述的那样，处于忧愁心境中的人，看待周围的事物会觉得充满了忧愁；而处于喜悦心境中的人，眼中的世界则处处洋溢着喜悦。“感时花溅泪，恨别鸟惊心”这句千古名句，更是生动地体现了心境的弥散性。在战乱时期，诗人杜甫因感时伤世、思念亲人，处于极度忧愁和悲痛的心境之中。他看到盛开的花朵，却因内心的忧愁而觉得花儿仿佛也在流泪；听到鸟儿的啼叫，非但没有感受到生机，反而因内心的离别之恨觉得鸟儿的叫声令人心惊。在这里，花和鸟本是客观的自然事物，但由于诗人的心境，它们被赋予了诗人的情感色彩，成为诗人忧愁心境的载体。人们并不总能意识到忧愁心境产生的原因，所以经常可以听到：“不知为什么这几天这么烦闷。”心境虽然由客观事物引起，但它还受人的主观意识调节和支配。

（二）激情

激情是指激烈的情绪，是一种强烈的、爆发式的、持续时间较短的情绪状态，犹如火山喷发，瞬间释放出巨大的能量。狂喜、愤怒、恐惧、绝望等都属于这种情绪状态。在激情状态下，个体的生理和心理会发生显著的变化。例如，愤怒时，生理上会出现心跳加速、血压升高、全身发抖的现象，心理上会出现思维变得相对狭窄的现象，注意力高度集中于引发激情的事件本身，理智分析能力受到一定程度的抑制。在体育赛场上，运动员夺冠后痛哭流涕的场景屡见不鲜。当运动员经过长时间的艰苦训练，付出了无数的汗水和努力，终于在比赛中获得冠军的那一刻，他们内心的激动和喜悦达到了顶点，难以抑制地痛哭起来。这种痛哭不仅仅是喜悦的表达，更是多年来压力和付出的释放。在那一刻，他们的注意力全部集中在夺冠的喜悦上，思维被这种强烈的情绪所占据，无法像平时一样冷静地思考和控制自己的情绪反应。这些外在的行为表现充分展示了激情状态下情绪的强烈程度和爆发性。

（三）应激

应激是由出乎意料的紧迫情况所引起的急速而高度紧张的情绪状态，是人对意外的环境刺激做出的适应性反应。人们在不寻常的紧张状况下，调动自身包括内分泌资源在内的各种资源来应对紧张局面，此时产生的复杂生理和心理反应即为应激状态。如意外的变故、严重的疾病、考试与事业的失败等都会使人产生应激情绪。应激的发生比激情更突然、更剧烈。

在应激状态下，人可能有两种表现：一是意识狭窄、目瞪口呆、手忙脚乱、陷入困境。例如，新手在第一次上台演讲时，面对台下众多的观众，会感到极度紧张，这就是一种应激状态。在这种状态下，他们可能会出现心跳加速、呼吸急促、手脚颤抖等生理反应，同时在心理上表现为思维变得混乱，大脑一片空白，把原本准备好的演讲内容忘得一干二净，说话结结巴巴，无法正常表达自己的观点。二是急中生智、行动果断、化险为夷、摆脱困境。例如，司机在驾驶过程中，突然遇到前方有行人横穿马路，在这出乎意料的紧迫情况下，司机瞬间进入应激状态，交感神经兴奋，心跳加速，注意力高度集中，迅速做出紧急刹车的反应，避免了一场交通事故的发生。应激状态会引起一系列的生理变化，如心率、血压、内分泌、肌肉紧张等会发生显著的变化。这些变化可以增加人体的活动力量，增强人的高度紧张工作能力，以应对紧急情境。但长期处于应激状态会导致人体生物化学保护机制的衰退，从而引发某些疾病。

三、大学生情绪和情感的特点

（一）丰富性和内隐性

大学生面临着学业、人际关系、未来规划等多方面的挑战和机遇，这使得他们的情绪体验非常丰富。比如，他们可能会因为取得好成绩而感到兴奋和自豪，也可能因为考试失利而感到沮丧和失落；可能因为与朋友相处融洽而感到快乐和满足，也可能因为与他人发生冲突而感到愤怒和焦虑。在学业方面，大学生为了追求知识和技术成就，会投入大量的时间和精力。当在学习过程中取得突破或得到老师的认可时，他们会产生积极的情绪，如喜悦、成就感等。然而，当面临学业压力，如课程作业繁重、考试临近等情况时，他们可能会感到焦虑、紧张，甚至恐惧。在人际关系方面，大学生离开了熟悉的家庭环境，来到新的社交圈子，他们渴望结交新的朋友，建立良好的人际关系。当与朋友相处愉快、得到他人的支持和理解时，他们会感到幸福和温暖。但如果与他人发生矛盾或被孤立，他们就可能产生孤独、伤心、愤怒等负面情绪。

这些丰富的情绪在表现形式上复杂多样，呈现出外显和内隐、克制和冲动交错的特征。通常情况下，大学生对外部刺激反应迅速、敏感，喜怒哀乐溢于言表，内心体验和外部表现一致，呈现出明显的外显性特点，例如为比赛胜利而欢呼雀跃，因考试失败而垂头丧气。然而，对于一些特定场景和事件，大学生的情绪在外在表现和内心体验上往往并不一致，有时他们不再像小孩子那样轻易地将情绪表露出来，而是更多地将情绪隐藏在内心深处，显得冷淡、无所谓。这主要有两个方面的原因：一方面，大学生出于自我保护的目的，不愿意将自己的脆弱和负面情绪暴露给他人，他们担心被别人嘲笑或看不起，因此选择独自承受负面情绪的困扰；另一方面，大学生也逐渐学会了控制自己的情绪表达，以适应社会的要求。在一些场合，他们会有意识地压抑自己的情绪，表现出较为冷静和理智的一面。这就是大学生情绪和情感的内隐性特点，它与情绪的外显性是交错共存的，只要有适当的场合和理解、关心他们的人，大学生就会敞开心扉，表露真实情感。

（二）波动性

大学生正处在青年期，生理发展方面，前额叶皮质与边缘系统发育不同步，易冲动且抑制力弱；心理发展方面，正处于由不成熟向成熟过渡的时期，易产生各种内心矛盾并且矛盾双方不断冲突，如独立与依赖、自尊与自卑、理想与现实、闭锁与开放等，这些内心矛盾和冲突常常会打破大学生的心理平衡状态，引起情绪和情感的波动起伏。同时，大学生的社会性发展尚未成熟，虽然对社会现象极为敏感、活跃，但是人生观的不稳定、认识上的不成熟往往使他们不能对社会现实和现象进行全面分析，容易以偏概全地加以肯定或否定，从一个极端走向另一个极端。尤其是在遇到困难和挫折时，他们更容易感到悲观失望，陷入消极情绪的泥潭难以自拔。

总之，大学生自身在生理、心理和社会性发展上的不平衡使他们的情绪和情感呈现出忽高忽低、激烈多变和易冲动的特点。

（三）矛盾性

在大学校园这个充满活力与变数的环境中，大学生怀揣着梦想与憧憬，同时也面临着诸多由自身情绪特点引发的典型冲突，这些冲突交织在他们成长中的每一步。

1. 独立需求层面的挣扎

大学生正处在从青涩少年向成熟个体过渡的关键阶段，非常渴望经济自主，向往着校园外繁华的世界，憧憬着能够通过自己的努力赚取生活费，购买心仪的书籍，参加各类培训，以提升自我，或是来一场说走就走的旅行，以此证明自己的成长与独立。然而，家庭依赖紧紧牵绊着他们，许多大学生从小在父母的呵护下长大，习惯了每月固定的生活费到账，遇到困难会下意识地向家人求助。例如，想要创业实践，却因害怕失败后失去家庭的经济支持而犹豫不决，内心在渴望独立与害怕失去依靠之间反复拉扯。

2. 亲密关系中的矛盾

在大学时期，情感连接被无限放大。室友间的情谊、与社团伙伴的默契等，都让大学生渴望深度的情感交融，期望在彼此的陪伴中分享喜怒哀乐，找到归属感。但与此同时，他们也常常暴露出脆弱的一面，产生困惑。例如，和室友闹矛盾，宁可冷战也不愿意率先示弱，担心一旦暴露弱点，就会失去这段珍贵的关系，在渴望亲密与自我保护的冲突中陷入迷茫。

3. 价值实现道路上的困境

大学生带着对未来最美好的想象踏入校园，立志要改变世界、成为行业翘楚、为社会奉献热血。课堂上对技术问题的热烈探讨、社团活动中对创新项目的踊跃参与，都是这份激情的外在表现。可现实条件也约束着他们，例如，专业课程与兴趣方向之间的偏差，使得创业创新计划难以落地。毕业后就业竞争激烈，学历、经验等门槛一道道横亘在眼前，面对这些残酷的现实，大学生总是深感无力和迷茫，产生焦虑与不甘交织成的复杂情绪。

心理故事

小张是某高职院校大二的一名学生，最近这段时间，他的心情像坐过山车一样，跌宕起伏。

前段时间的实训作业让小张找到了久违的成就感。为了做好这项关于电路设计与搭建的实训，他每天都待在实训室里。从最初对着复杂的电路图纸感到一头雾水，到多次尝试后逐渐摸清门路，再到最后成功让整个电路系统稳定运行，灯泡亮起的那一刻，小张觉得自己仿佛掌控了一个微观的电力世界。他看到物理知识实实在在地转化为操作成果，那种专业认同感油然而生，他第一次如此笃定自己选对了专业方向。

然而，还没等这股兴奋劲儿彻底消散，焦虑的阴云便悄然笼罩。在专升本考试报名通知下达后，身边的同学个个像上紧了发条的钟表，铆足了劲往前冲。小张看着招生简章上有限的录取名额，再对比自己平日里还算不错但又并非拔尖的成绩，心里不禁感到焦虑。小张明白，专升本考试是一场千军万马过独木桥的硬仗，竞争对手不仅有本校的同学，还有来自其他院校的高手。每当想到这里，小张就辗转反侧，晚上常常望着天花板发呆，脑海中不断浮现出考试失败的画面。

在负面情绪的拉扯下，小张有那么一瞬间觉得自己快要被压垮了。但他骨子里有一股不服输的劲儿，实训作业的成功让他明白，只要努力就能突破困境。于是，他开始调整自己，每天早起背单词、复习专业知识。每当焦虑来袭，他就去实验室捣鼓那些电路元件，在熟悉的知识世界里找回平静与自信。小张知道，这是他成长路上必须经历的阵痛，而他决心要在这重压之下拼出一个属于自己的未来。

四、情绪的功能

情绪的功能是指情绪在人类生存、发展及社会交往等诸多方面所起到的作用，它贯穿于生活的各个环节，具体体现在以下几个方面。

（一）适应功能

情绪的适应功能是指情绪可以帮助个体感知环境变化，从而做出适应性反应。

（1）生存与安全：情绪可以帮助个体快速地对环境中的威胁做出反应，从而确保生存与安全。例如，当发生地震时，人们会产生恐惧情绪，恐惧情绪会促使其采取逃跑、躲避等行为。这种恐惧情绪的产生就是一种适应性反应，它使个体能够迅速意识到潜在的危险，并采取相应的行动来保护自己。

（2）社交互动：情绪在社交互动中也起着重要的作用。例如，微笑和友好的表情可以传达积极的情绪，促进社交关系的建立和维持。而愤怒或不满的情绪则可以让他人知道个体的需求未得到满足，促使他人做出调整。通过情绪的表达，个体可以更好地与他人沟通和互动，从而更好地适应社会环境。

（二）社会功能

情绪的社会功能表现在个体将自己的愿望、要求、观点、态度通过情绪、情感表达的方式传递给其他人，从而影响人际关系。它是非言语沟通的重要组成部分，在人际沟通中具有传递信号的作用。比如点头微笑表示赞许；摇头皱眉表示否定；面色严峻表示不满或者问题严重等。在社会交往的许多场合，人们之间的思想、愿望、态度、观点，仅靠言语无法充分表达，有时甚至不能言传，只能意会，这时表情就起到了信息交流的作用。比如，学生上课不认真听讲，教师的一个眼神或者一个手势就会起到提示、警醒的作用。

（三）组织功能

情绪作为脑内的一种检测系统，对其他心理活动具有组织作用。这种作用表现为积极情绪的协调作用和消极情绪的破坏、瓦解作用。其组织功能还表现在对人的行为的影响上，当个体处在积极、乐观的情绪状态时，容易注意事物的美好方面，更愿意接纳外界的事物；当个体处于消极情绪状态时，容易失望、悲观，放弃自己的愿望，甚至产生攻击性行为。

对此，心理学家进行了大量的实验。结果证明，正性情绪能提高思维的灵活性，有助于人们应对麻烦事件和减少对抗事件的发生。中等强度的正性情绪状态对思维和决策的影响不仅是充分的，而且有利于改善思维和决策的质量。

（四）动机功能

情绪具有激励、抑制和调控作用。适度的情绪兴奋可以使身心处于最佳的活动状态，激发个体的行动，进而推动目标的实现。情绪能够以一种与生理性动机或社会性动机相同的方式激发和引导行为。有时，我们会努力去做某件事，只因为这件事能够给我们带来愉快与喜悦。快乐、热爱、自信等积极的情绪会提高人们的活动能力，而恐惧、痛苦、自卑等消极的情绪则会降低人们活动的积极性。

大量研究表明，情绪与学习效率之间呈倒 U 形曲线关系，如图 3－1 所示。适当的情绪唤起水平有利于学习任务的完成，但情绪唤起水平过低或者过高都会产生相反的作用。

（五）健康调节功能

我国古代医学典籍《黄帝内经》记载，怒伤肝，喜伤心，思伤脾，忧伤肺，恐伤肾。情绪跌宕起伏会带动大脑的神经系统活动，对自主神经功能产生影响。情绪调控的好坏会直接影响身心健康。强烈持久的消极情绪往往会引起自主神经系统的紊乱。例如，长期处于焦虑、紧张等负面情绪状态下，可能导致心跳加快、血压升高、呼吸急促等生理反应，进而影响心脏、血管等器官的正常功能。情绪还会对新陈代谢产生影响。消极情绪可能引

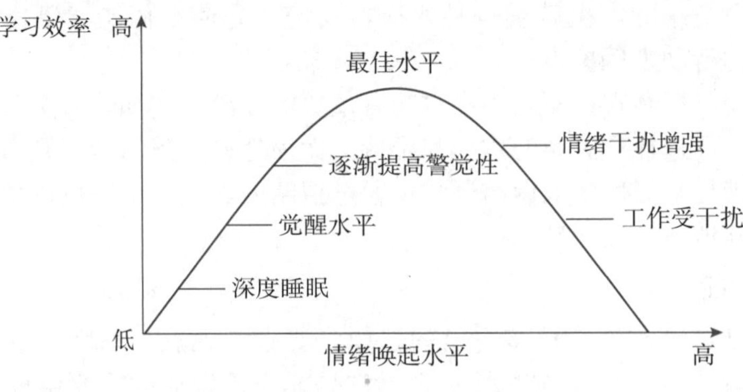

图 3-1　情绪与学习效率的关系

起新陈代谢障碍，影响身体对营养物质的吸收和利用，以及废物的排出。比如，过度的压力和焦虑可能导致消化系统功能紊乱，出现食欲缺乏、消化不良等问题。

而积极、乐观的情绪则对身体有诸多益处，比如：改善血管功能，预防心血管疾病；可以激活副交感神经，降低炎症因子水平，增强机体免疫力；可以促进内源性阿片样肽释放，抑制脊髓后角痛觉信号传递，是天然的镇痛剂。

第二节　情绪识别

一、情绪识别的内涵

情绪识别是一种能够通过自己和他人的反应、表现来认识情绪的能力。准确识别情绪，无论是自己的情绪还是他人的情绪，都有助于我们更好地理解自己和他人的心理状态，从而做出更合适的决策和反应。

情绪识别往往需要准确接收三类信息：一是非言语表情，包括面部表情和肢体表情，在情绪识别信息中通常占比为55%，起到至关重要的作用；二是言语表情，包括语气、声调、语速等，通过语气的软硬、声调的高低、语速的快慢往往能看出一个人当下的情绪状态，言语表情在情绪识别信息中占比为38%；三是言语，在情绪识别信息中只占7%。因此，我们主要是通过面部表情、肢体表情和言语表情来识别情绪。

心理学家研究发现，全世界的人都有相似的面部表情模式，包括恐惧、厌恶、高兴、惊讶、轻蔑、愤怒、悲伤。无论是在哪个国家、哪个民族，人们都能准确识别这些表情。但实际上，还有很多面部表情存在明显差异，单纯依靠面部表情线索判断人们的情绪状态是不可靠的，还需要许多其他辅助线索才能准确判断人们的情绪。图 3-2 所示是一些常见的面部表情。

然而，肢体表情和情绪状态并非一一对应的关系，例如，环抱双臂可能是因为愤怒，也可能是因为寒冷。在不同的文化背景下，相同的姿势可能表达完全不同的含义。例如，伸出食指，在美国表示让对方稍等，在法国表示请求对方回答问题，在缅甸表示请求、摆脱，在新加坡表示最重要的，在澳大利亚则表示“请再来一杯啤酒”。表 3-1 所示是一些常见肢体表情的情绪含义。

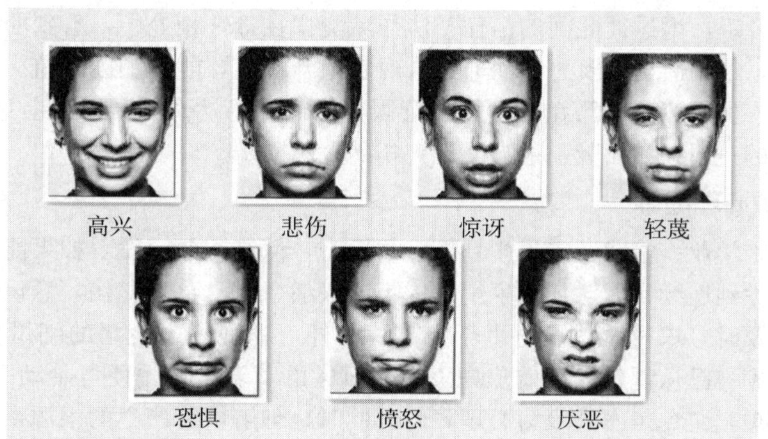

图 3-2　常见的面部表情

表 3-1　常见肢体表情的情绪含义

典型动作	情绪含义
环抱双臂	愤怒，不欣赏，不同意，防御或攻击
用手敲击桌子	无聊或不耐烦
咬嘴唇	紧张，害怕或焦虑
身体前倾	注意或感兴趣
避免目光接触	冷漠，逃避，不关心，没有安全感，恐惧或紧张
玩弄身边的小东西	特别紧张或掩饰内心的恐慌
走动	发脾气或受挫
轻抚下巴	正在犹豫，很可能会接纳对方的观点
用力缩下巴	畏惧或驯服

二、情绪识别的意义

情绪识别是个体进行情绪管理的前提。不管是积极情绪，还是消极情绪，都是我们生活的一部分，人们产生的各种情绪都有其根源与背景。只有认识情绪，了解情绪形成的原因，以及情绪消散的过程，我们才能知道应该如何理智地管理情绪。快乐、愉悦的情绪自然备受青睐，而那些在压力之下催生的负面情绪，同样有其存在的合理性与价值。我们面对不良情绪不应该采取害怕、压抑和回避的态度，而应用良好的心态、科学恰当的方法去面对和化解不良情绪。

大学生处于从青春期向成年期过渡的阶段，面临自我身份认同、学业职业规划等诸多挑战，情绪世界如调色盘般丰富多变，因此，学会情绪识别显得尤为重要。

（一）助力良好人际关系的建立

在大学这个多元化社交环境里，同学们来自五湖四海，性格各异。如果能精准识别他人情绪，比如在小组作业中，察觉到组员因任务分配不均而面露愠色，就能及时调整分工，避免矛盾升级，增进彼此间的信任与协作默契。在日常相处中，看到朋友因成绩不及格默默流泪时，给予恰当的安慰，而非不合时宜地开玩笑，能够加固友谊。对自身情绪的识别同样关键，如果清楚自己在社交场合会因紧张而词不达意，便可提前进行心理建设，展现自信从容的一面，从而吸引他人靠近，拓展人脉圈子。

（二）维护心理健康

大学生面临学业、情感、未来规划等多重压力，情绪问题频发。如果能够敏锐识别自身情绪，如察觉到连续几周对任何事情都提不起兴趣、时常莫名悲伤，意识到可能陷入抑郁情绪，就能及时寻求帮助，以防患于未然。此外，识别焦虑情绪的细微变化也至关重要，例如觉察到自己从偶尔的考前焦虑发展到日常的莫名心慌，便可主动采取放松技巧，如深呼吸、冥想，避免焦虑升级为心理障碍。同时，理解情绪产生的根源，面对他人的误解时，便可不被委屈、愤怒冲昏头脑，保持心理弹性。

（三）推动学业进步

课堂上，识别老师批评背后的期待、同学抢答带来的压力，能迅速调整学习状态，化压力为动力；识别自己对某些学科的畏难情绪，可以剖析是基础薄弱还是学习方法不当，并予以针对性改进。在备考阶段，察觉焦虑情绪，可以合理安排作息、制订科学的复习计划，而非陷入焦虑旋涡，荒废时间。情绪识别能力强的学生能更好地管理时间，分配精力，保持学习的专注力与持久性，在学业竞争中脱颖而出。

三、情绪的基本形式

在青春的朝气与成长的挑战交织碰撞的过程中，情绪成为与大学生每日相伴的“隐形伙伴”。情绪在很大程度上左右着大学生的日常抉择、学业奋进以及人际相处。要想准确识别情绪，我们首先需要洞悉情绪的基本形式。

（一）基本情绪

美国心理学家保罗·艾克曼提出的基本情绪六元模型包括快乐、悲伤、愤怒、恐惧、厌恶和惊讶。这个模型是通过跨文化研究得出的，具有一定的普遍性。

快乐是一种积极的情绪，通常与满足、愉悦和幸福的感觉相关。从进化的角度来看，快乐可能与获得有益的资源或实现目标有关。当人们产生快乐的情绪时，身体会释放出一些化学物质，如多巴胺，这些物质可以带来愉悦感和满足感。

悲伤是一种消极的情绪，通常与失去、挫折或失望的感觉相关。适度的悲伤可以促使人们反思和调整自己的行为，以避免未来的损失。在某些情况下，悲伤也可以促进人际关系的发展，因为人们在悲伤时可能会寻求他人的支持和安慰。

愤怒是一种强烈的消极情绪，通常与受到侵犯、遭遇不公或挫折的感觉相关。愤怒可以促使人们采取行动来保护自己或纠正不公正的情况。然而，如果愤怒得不到适当的控制，可能会导致攻击性行为或其他不良后果。

恐惧是一种消极的情绪，通常与面临威胁或危险的感觉相关。恐惧可以促使人们采取逃避或防御的行为，以保护自己的安全。在进化过程中，恐惧对于生存至关重要，因为它可以帮助人们迅速做出反应，避免潜在的危险。

厌恶是一种消极的情绪，通常与接触到不喜欢的人或事物或者经历不愉快的事的感觉相关。厌恶可以促使人们远离不良的刺激，保护自己的身体和健康。厌恶的情绪反应可能包括面部表情的变化、身体上的退缩和生理上的不适。

惊讶是一种中性的情绪，通常与遇到意外或新奇事物的感觉相关。惊讶可以促使人们关注和探索新的信息，以适应不断变化的环境。惊讶的情绪反应可能包括眼睛睁大、动作停顿和注意力集中。

（二）复合情绪

复合情绪是由基本情绪组合而成的，具有更复杂的情感体验。下面主要介绍两种复合情绪：嫉妒和倦怠。

嫉妒是一种复杂的情绪，通常包含愤怒、恐惧和自卑等成分。当人们感到嫉妒时，可能会对他人的成功或优势感到愤怒，同时担心自己的地位或价值受到威胁，从而产生恐惧。此外，嫉妒还可能与自卑有关，因为人们可能会觉得自己不如他人，从而产生自卑的情绪。

倦怠是一种消极的情绪状态，通常由淡漠和焦虑组合而成。淡漠是指对事物缺乏兴趣和热情，而焦虑则是一种不安和担忧的情绪。当人们感到倦怠时，可能会对工作、学习或生活中的任务感到无趣和无聊，同时担心自己无法完成任务或达成目标，从而产生焦虑。

第三节 情绪的表达

一、情绪表达的含义

情绪表达是指个体将内心所体验到的情绪，通过言语、肢体动作、面部表情、声音语调以及艺术创作等多种途径展现出来的过程。情绪表达可分为四种，包括自我表达、向他人表达、向客观环境表达、升华表达。

（一）自我表达

自我表达是情绪表达的关键和基础。自我表达是指对自己情绪的性质、特点、产生的原因等进行剖析，例如每天花几分钟静下心回顾当天的情绪起伏，分析引发情绪的事件。可通过写情绪日记，详细记录情绪的产生情境、身体反应与内心想法，逐渐提高情绪敏感度，将情绪提高到意识层面上来。自我表达的好处是能够增进自我认识、帮助解决问题、促进人际关系的形成和发展，并且有益于生理和心理健康。

（二）向他人表达

向他人表达即把向周围的人表达我们的情绪，让他人认识并共享我们的情绪。但并非所有情绪都适合随时向他人倾诉。对于私密情绪，可以在空闲、心情平和时找知心好友或家人、心理咨询师等交流，而因学业、工作中的困惑产生的情绪可以与专业导师、学长、学姐沟通。

（三）向客观环境表达

客观环境指的是独立于人的意识之外，实实在在存在的周围境况。它涵盖了自然环境（森林、大海、草地、公园等）与社会环境（社团环境、宿舍环境等）两个方面。在客观环境中，个体可以通过击打沙袋、跑步等表达自己的情绪。

（四）升华表达

升华表达虽然是情绪表达中最难的一种方式，但也是最理想的一种情绪表达方式。它意味着超越所有表达的对象，将情绪的能量指向其他更高层次的需要。比如，通过文学艺术的创作与欣赏，既可以表达、宣泄内心的情绪，也可以享受艺术的美，还可以为社会带来一定的精神财富。例如，我们高兴时，可以唱一首欢快的歌；我们痛苦时，可以弹一首忧伤的曲子。将情绪转化到对某种理想、信念的追求中，可以使情绪得以疏泄，为个人需求的满足提供新的动力。

二、正确积极表达情绪的好处

心理学研究发现，情绪抑制对人的健康危害极大。情绪抑制不仅不能抑制情绪体验，而且会导致交感神经的兴奋性增强，从而激发更强烈的生理唤起。情绪的正确积极表达对我们的身心是有益的：第一，保证我们的身体健康。临床心理学家发现，适当的情绪表达会让人摆脱束缚，重获自由。因为长期压抑自己的情绪会导致各种各样的生理疾病，甚至是心脏病、癌症。第二，增进人际关系。这不仅会带来职业上的成就感，也会让我们感觉更加愉悦和满足。第三，提升幸福感和创造性。情绪表达能够让我们获得更完整的幸福感，它能敞开我们的心灵和头脑，使我们更乐于接受他人、更富有创造性。

三、如何有效地表达情绪

人们时常表达情绪，但是我们的表达有时是无效的，甚至是具有破坏性的，比如抱怨、无原则地发泄等，伤人伤己，妨碍沟通。那么，我们在实际的学习和生活中，应如何有效地表达情绪呢？有以下方法可以帮助我们。

（一）客观、清楚、具体地表达情绪

我们需要识别自己当下的情绪是什么样的，是什么导致这些情绪的发生。有时候，我们不止有一种情绪，可能会混合其他多种情绪。例如，你的朋友跟你约好早上 9 点见面，但是时间到了，他还没有来，你打电话没打通。直到 10 点钟，他才到达约定的地点。这时，你会怎样跟你的朋友表达情绪呢？

如果你没有学会如何表达情绪，你可能会直接生气，不理睬迟到的朋友。然而，如果你学会了表达多样化的情绪，则可以这样说："9 点你没有来，我有点着急，打你电话又没有打通，我很担心你的安全。直到 10 点，你才不紧不慢地过来，连一句抱歉的话都没有。我真的有点生气了。"按照这种方式，你可以客观、清楚、具体地表达自己的情绪，这样，你的朋友就可以从你的表达中了解你情绪的变化。

情绪表达，既是一种沟通，也是一种策略。要想有效表达情绪，首先需要做的是控制自己的情绪，不能轻易地被他人的几句话、几个动作左右，一定要客观表达，分清事实。许多人在生气时容易失去理智，表达时容易给对方"扣帽子"，夸大或者歪曲事实。本来只是针对一件事情表达情绪，可能就会变成对对方的全面否定，或者翻一些陈年旧账。总之，这些都是表达不够客观的体现。另外，我们在表达负面情绪时，建议多说自己喜欢的方面，而不是我们不喜欢的或者讨厌的内容。

（二）善用“我信息”

在表达情绪时，我们常使用指责对方的方式去沟通，这往往让人感到很不友好，导致关系越来越僵化。其实，让对方知道我们的感受要比指责对方效果更好。那么，我们就要学会使用“我信息”来表达情绪，把“你怎样怎样”换成“我们怎样怎样”。通过转换句式，直接表达自己对某件事的感受以及自己的期待，把自己的想法充分地传达给对方，让对方更了解我们的心情和想法，以达到有效的沟通。

第四节　情绪管理

一、情绪管理的含义

情绪管理是对情绪进行调节和控制的过程，即通过一定的策略，使情绪在相应的生理活动、主观体验和表情行为等方面发生一定变化，从而建立和维护良好的情绪状态。

“喜怒哀乐之未发，谓之中；发而皆中节，谓之和。”这句话出自《中庸》，意思是喜怒哀乐等情绪没有表现出来的时候，叫作“中”；情绪表现出来但都符合节度，叫作“和”。“中”代表着一种内心平静、不偏不倚的平衡状态，是人的内在本性的一种理想境界。而“和”则强调在人际交往和社会生活中，人们表达情绪时要适度、恰当，符合一定的道德规范和社会礼仪，既不能压抑情绪，也不能让情绪肆意宣泄，要做到恰到好处，这样才能实现人际关系的和谐状态。“中”“和”的概念认为，通过对情绪的合理把握和调控，可以实现个人内心的和谐以及个人与周围环境的和谐统一。由此可见，情绪的控制和管理非常重要。尤其是处于青春期的大学生，进入大学后，人际交往变得越来越复杂，学习压力不断加大，情绪问题日益凸显。如果情绪管理问题不被重视，将会对大学生的生活和工作造成极大的负面影响。因此，学习情绪管理已成为大学生心理健康成长的重要一课。

心理故事

父亲丢了一块表，他抱怨着，翻箱倒柜四处寻找，可半天也找不到。等他出去后，儿子悄悄进了屋，不一会儿就找到了表。父亲问：你是怎么找到的？儿子说：我就安静地坐着，一会儿就能听到嘀嗒嘀嗒的声音，表就找到了。

这个故事给我们的启示是：越是焦躁地寻找，越找不到自己想要的，只有平静下来，才能听到内心的声音。怨恨和气愤的情绪只会让人难以得到想要的东西。只有能控制自己情绪的人才是自己的主人。只有做了自己的主人，才可以做事物的主人。

二、大学生常见的情绪困扰

（一）自卑情绪

自卑又称“自我否定”，主要表现为对自己的能力、学识、品质等自身因素评价过低。由于学习环境、生活环境的改变，自卑情绪成为大学校园里常见的一种消极情绪。当看到他人站在舞台上展示才艺时，当看到他人领取奖学金时，当看到和自己关系要好的同学成绩优秀时，都可能会产生自卑情绪。还有一部分学生因家境欠佳或自身存在些许不足而感到自卑。有自卑情绪的学生由于自我评价过低，往往行为畏缩、瞻前顾后、多愁善感，自尊心极强，过于敏感，这严重影响了他们各方面的正常发展。正如有人所说："自卑就像一把潮湿的火柴，再也燃不起兴奋的火花。"此外，长期被自卑笼罩的人，不仅斗志易被击垮，心理会失去平衡，而且生理也可能出现病变。

心理故事

上高中时，由于性格腼腆，小王不敢在公共场合发言，与别人交流时也无法恰当地表达自己的观点，尤其是在与老师或陌生人谈话时，总感觉十分局促。他很羡慕那些在公共场合能够从容不迫、侃侃而谈的同学。他知道自己的性格会影响自己的生活，甚至是以后的成长，因此，他强烈地希望改变自己。进入大学后，小王立志改变自己"交往低能"的现状。他认为"最怕什么，就去做什么"。于是，在学校报到后不久，小王就开始不断挑战自己，参加各种校园活动和比赛，如"创新创业比赛""课前 5 分钟演讲""辩论赛"等。经过一系列活动的锻炼，小王变得神采奕奕，自信非凡。他不再是那个不敢和别人交流的小王了，而是面对别人的不屑、疑问和耻笑仍能笑着做自己的小王。认识他的人都很惊讶，认为现在的他发生了脱胎换骨般的变化，多了一份自信和勇气，而且有自己的想法。小王说："在我改变自己的过程中，所遇到的都是友善的笑脸，困难比我想象的要小得多。走出自己的心灵桎梏一小步，就成功了一大步。"

（二）焦虑情绪

焦虑是一种比较复杂的情绪，是人们对即将到来的某件事或某种情境感到担忧和不安，又无法采取有效的措施加以预防和解决而产生的情绪体验。这种过分的担忧和不安情绪使人处于一种无所适从的状态。当前，焦虑已成为许多大学生的一块"心病"，普遍困扰着他们的生活与学习。大学生焦虑的主要原因有：入学适应困难、学习问题（如考试焦虑）、人际交往问题（如社交恐惧引起的焦虑）、求职就业问题等。

心理故事

大一的学生小黄说："考试前一个星期，我突然感到心烦意乱，对这次考试担心不已，那几天，我每天都在害怕和焦虑中度过。由于事先没有做好准备，我一上考场，脑子就发蒙，就连原来复习过的内容也想不起来了，急得我浑身出汗，勉强交了试卷，结果可想而知，考试成绩特别不理想。"

小黄的焦虑是考试焦虑，主要是心理负担太重，担心考试失败引起的。

（三）抑郁情绪

抑郁情绪是大学生心理健康常见的"杀手"，抑郁并非单纯的情绪低落，它以持续两周及以上的心境低落、消沉为突出特征，常伴有对日常活动兴致缺失、愉悦感丧失的情况。个体感到无法面对外界压力时，常常会产生这种消极情绪。它使得一些大学生整日沉

浸在悲观的情绪中，轻者终日愁眉不展、闷闷不乐，对事物缺乏兴趣；重者悲观绝望，常感到度日如年，甚至会有生不如死的感觉。部分大学生由于不喜欢所学的专业，感到前途渺茫，或是由于人际关系处理不当、考试不及格等产生抑郁情绪，他们的主要表现是：情绪低落、思维迟缓、郁郁寡欢、兴趣丧失，无法体验生活、学习的快乐，并伴有食欲减退、失眠等症状。

心理故事

李某，男，某所大学的一年级学生。李某自幼性格孤僻，不太擅长与别人交往，思路也比较狭窄。用他自己的话说："我有一种天生死钻牛角尖的劲儿，一旦陷入某种情境，就很难出来。"他的心情一直很压抑，主要是因为人际关系处理不好，心中充满了烦恼。刚上大学时，环境发生了变化，李某心中充满了对美好未来的憧憬和对幸福生活的热爱，心情一度好转。但时隔不久，他在高中摆脱不掉的人际障碍在大学里又暴露了出来，让他再次陷入烦恼。李某不敢和熟人交谈，任何时候与人交往都有一种十分勉强的感觉。对此，他感到懊恼，经常自责，情绪处于十分低落的状态，每天都无精打采，学习时难以集中精力，反应减慢，分析能力下降，生活懒散，对任何事情都不觉得有兴趣。基于上述烦恼，李某放假后到专业精神卫生医院就医，医生诊断其为"抑郁状态"。

（四）愤怒情绪

愤怒是大学生常见的一种消极情绪，它是当个体的需要不能被满足、愿望不能实现或目的受阻时，内心产生的一种紧张而不愉快的激烈情绪。大学生内分泌系统处于空前活跃状态，大脑神经过程的抑制和兴奋发展不平衡，自制力较差，容易冲动，部分大学生会因为一件小事或一句话激动得暴跳如雷，或出口伤人，甚至对人拳打脚踢。愤怒是一种十分可怕的情绪，在日常生活中，燃烧的怒火不仅可能伤害他人，还可能伤害自己。尤其对大学生而言，如果不能控制好自己的脾气，会造成不可估量的伤害。

心理故事

小郭是某高校的一名成绩优秀、能力出众的大学生，在学校担任学生会主席一职。但他就是因为没有控制好自己的脾气，不仅被免职，还使得自己"众叛亲离"。

事情是这样的：新生快开学了，学校要组织迎新晚会。作为学生会主席的小郭，理所当然地成为晚会的总指挥。在排练过程中，每当看到有些同学对排练不认真时，他的怒火就涌上心头。终于有一天，他的怒气如洪水般爆发了。他指着那两位在排练期间打闹的同学，大声呵斥道："你们这么不用心，不想干就滚！"接着，他又指着所有排练的同学说："你们就是一群扶不起来的阿斗。"就这样，小郭的怒气伤害到了所有人，而他也因此被免去学生会主席一职，失去了同学们的认可和支持。

达尔文说："人要是发脾气，就等于在人类进步的阶梯上倒退了一步。"小郭的例子就充分说明了这一点，他已经完全被愤怒所主宰，换句话说，他已经成为愤怒的"傀儡"。

（五）嫉妒情绪

嫉妒是指因为他人在才能、名誉、地位或境遇等方面胜过自己而产生的一种复杂的不良心理状态（由羞耻、焦虑、怨恨、敌意等组成）。法国文学家巴尔扎克曾说，嫉妒者比任何不幸的人更为痛苦，因为别人的幸福和自己的不幸，都将使他痛苦万分。嫉妒是一种消极有害的异常心理，在大学生中普遍存在，在经历相似、年龄相仿的人之间尤其容易产生。它不仅会给人带来心理上的不平衡，压抑人们善良的情感，影响判断力、自我控制力，还会使人变得自私和丑恶，破坏美好的人际关系，而且会导致一系列的生理疾病，甚至使人出现伤人和自损的行为。有这种心理状态的人，由于长期精神压抑、胸中烦闷、忧心忡忡，因此会感到食欲减退、夜不能寐、易怒、疲劳无力，机体防御机能下降，产生免疫力减弱等生理问题。

三、情绪管理方法

积极情绪对人有激励和促进作用，而消极情绪会阻碍人的活动、降低工作与学习效率，甚至会影响人的身体健康。因此，大学生要及时调节不良情绪，培养健康的情绪。根据个体差异、问题类型等的不同，可采取不同的情绪管理方法。

（一）理性情绪疗法

影响我们情绪的不是事情本身，而是我们对事情的认知与看法。不同的认知与看法会引起不同的情绪。产生什么样的情绪完全由自己来控制。

理性情绪疗法（REBT）是由美国心理学家阿尔伯特·艾利斯（Albert Ellis）在20世纪50年代提出的一种心理治疗方法。我们可以用“ABC情绪理论”来简单理解它：

A（activating event，事件）：生活中发生的事情，比如考试失败、和朋友吵架、被领导批评。

B（belief，想法）：你对这件事情的看法，比如“我真是个没用的人”“别人肯定在嘲笑我”。

C（consequence，结果）：你产生的情绪和行为反应，比如感到抑郁、焦虑，或者逃避社交。

很多人以为结果（C）是直接由事件（A）造成的，比如，“都是因为考试没考好，我才这么难过”。但REBT告诉我们，真正让你难受的其实是你对事件的想法（B）。如图3-3所示。

图3-3 ABC情绪理论模型

理性情绪疗法的整体治疗模型是“ABCDE”：A代表诱发性事件，B代表想法，C代表结果，D代表治疗，E代表效果。艾利斯认为，人的情绪和行为障碍不是由某一诱发性事件直接引起的，而是由经受这一事件的个体因对它不正确的认知和评价而形成的想法，最后导致在特定情境下的情绪和行为后果。例如，一位大学生因为人际交往不顺畅（A）而觉得自己是个不受欢迎的人（B），由此陷入焦虑甚至抑郁（C），掌握适当的人际交往技巧（D）能够帮助这名大学生建立和谐的人际关系（E）。如图3-4所示。

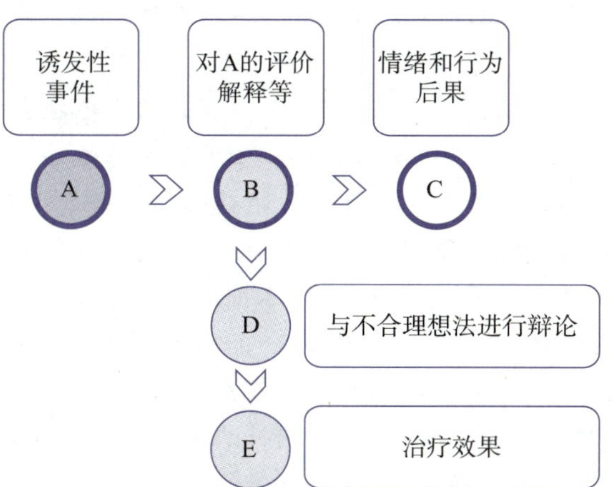

图 3-4 理性情绪疗法整体治疗模型

理性情绪疗法的具体操作步骤如下：(1) 识别不合理的认知；(2) 质疑不合理的认知；(3) 用合理的认知代替不合理的认知。举个例子：奖学金评定结果出来了，小莉落选了。她感到很丢人，认为自己是个彻底的失败者，担心以后大家会瞧不起自己，因此感到特别的沮丧。那么，小莉应该如何调节自己的情绪呢？

第一步，识别不合理的认知 (B)：感到很丢人，认为自己是个彻底的失败者，以后大家肯定会瞧不起自己。

第二步，质疑不合理的认知 (D)：同学们是否真的会因为我没有拿到奖学金而看不起我？我这一次失败是否就意味着以后都不会成功？其他没有评上奖学金的同学是否也都是失败者，也会被别人瞧不起呢？

第三步，用合理的认知代替不合理的认知 (E)：虽然有烦恼，但不必自责；失败是生活中的必然经历；寻找差距，继续努力。

常见的不合理认知如下：

(1) 自己一定要获得周围的人，尤其是周围重要人物的喜爱和赞许。

(2) 一个有价值的人应该在各个方面都比别人强。

(3) 对于犯错误的人，应该给予严厉的惩罚和制裁。

(4) 如果事情不如愿，那将是可怕的结果。

(5) 人的不快乐是由外在因素引起的，人不能控制自己的痛苦与困惑。

(6) 对可能发生的危险与可怕的事情，应牢记心头，随时准备应对。

(7) 对于困难与责任，逃避比面对要容易得多。

(8) 人必须依赖别人，特别是比自己强的人。

(9) 以往的经历是影响个人当前行为的决定因素，而且这种影响是永远无法改变的。

(10) 任何问题都应该有一个正确而完美的解决办法，如果找不到，那将是莫大的不幸。

心理故事

有一个年轻人创业失败了，受到很大的打击，情绪低落，已经影响到了他的正常生活。他认为自己虽然付出了，但没有收到回报，自己很傻，很不幸。于是，他找到了心理医生。

心理医生告诉他，其实他的处境并没有那么糟糕，只是他把自己想象得太糟糕了。在给他做了放松训练，减轻了他的紧张情绪之后，心理医生给他举了一个例子。

“假如有一天，你到公园的长凳上休息，你把最心爱的一本书放在了长凳上。这时候，有一个人径直走过来，坐在长凳上，把你的书压坏了。这时，你会怎么想?”

“我一定很气愤，他怎么可以这样随便损坏别人的东西呢！太没有礼貌了！”年轻人说。“那我现在告诉你，他是个盲人，你又会怎么想呢?”心理医生耐心地继续问道。“哦——原来是个盲人。他肯定不知道长凳上放有东西！”

年轻人摸了摸头，想了一下，接着说：“谢天谢地，好在只是放了一本书，要是油漆，或是什么尖锐的东西，他就惨了！”“那你还会对他感到愤怒吗?”心理医生问。“当然不会，他是不小心才压坏的嘛，盲人也很不容易的。我甚至有些同情他了。”

心理医生会心一笑：“虽然是同样的一件事情——他压坏了你的书，但是前后你的情绪反应却截然不同。你知道是为什么吗?”“可能是因为我对事情的看法不同吧！”

很显然，对事情不同的看法，能引起自身不同的情绪。让我们感到难过和痛苦的，不是事情本身，而是对事情不正确的解释和评价。这就是心理学上理性情绪疗法的观点。

理性情绪疗法的创始者艾利斯认为：正是由于我们常常拥有的一些不合理的信念，才使我们产生情绪困扰。如果这些不合理的信念日积月累，可能会引起情绪障碍。

（二）运用积极的自我心理暗示

从心理学的角度讲，自我心理暗示即个人通过语言、形象、想象等方式，对自身施加影响的心理过程。积极的自我暗示可以帮助我们驱散内心的恐惧与阴霾，让我们变得勇敢。心理学家发现，一个人在强烈的自我暗示的作用下，可以突然变得耳聋眼瞎。这种听力、视力的丧失不是因为神经受损，而是由于大脑中管理听觉、视觉的区域机能受到扰乱。对这类患者的治疗也可以用自我心理暗示的方法。我们平时所说的心态决定命运，正是基于积极心理暗示对行为具有正面影响这一事实。其实，大多数人的生活境遇既不是一无所有、一团糟，也不是什么都有，事事如意。这种境遇相当于“半杯咖啡”。消极自我心理暗示的人会因为少了半杯而不高兴，情绪消沉；而积极自我心理暗示的人就会庆幸自己已经获得了半杯咖啡，并好好享用，使情绪变得振作起来。

例如，有一位击剑运动员，知道在即将举行的比赛中会遇到一位曾经两次击败过自己的竞争对手，因而感到缺乏信心。心理学家为他反复播放一段话，叙述在未来的比赛中，那名竞争对手一见到他就感到害怕的理由。他听了几十次，越听越觉得有道理，便从害怕的情绪中解脱出来，并在比赛中战胜了对手，夺得了冠军。

（三）转移注意力

转移注意力即把注意力从引起不良情绪反应的刺激情境中转移到其他事物上去或从事其他活动的自我调节方法。当出现情绪不佳的情况时，个体可以把注意力转移到使自己感兴趣的事情上，比如，外出散步、看电影、打球、下棋等。这有助于使情绪平静下来，在活动中寻找到新的快乐。这种方法一方面可以中止不良刺激源的影响，防止不良情绪的泛

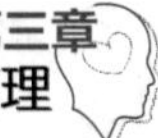

化、蔓延；另一方面通过参与新的活动，特别是自己感兴趣的活动，可以达到增进积极的情绪体验的目的。弗吉尼亚大学心理治疗教授布朗博士研究了 101 位沮丧的学生，将他们分为运动组和不运动组。布朗博士发现：两个星期慢跑五天的人，十个星期后沮丧分值就能明显地降低。一个星期跑三天的人，也会有同样的成绩。但在这期间不运动的人，没有任何改变。

（四）适度宣泄

过分压抑只会使情绪困扰加重，而适度宣泄则可以把不良情绪释放出来，从而让紧张情绪得以缓解，让人感到轻松。其实，遇到不良情绪时，最简单的办法就是“宣泄”。很多人赞同“有泪不轻弹”，把眼泪当作软弱的表现，但这种观念是不可取的。悲痛欲绝时，大哭一场可以使情绪平静下来，因为掉眼泪具有缓解紧张情绪的作用。另外，还可以采用运动宣泄法，在盛怒或愤慨时进行适当的体育运动，如跑步、游泳、打球，都有助于释放激动情绪带来的负能量。

当一个人的心理能量过度积累时，和风细雨的方式已无法达到快速释放情绪的目的，而且也不是所有人在所有情况下都能做到按部就班地进行情绪释放，这时，情绪宣泄就显得尤为必要。

（五）心理放松

在面对压力时，个体可以采用深呼吸、听音乐等方式进行心理放松，以减轻心理压力与焦虑的情绪，达到释放心理能量、调节内心平衡的目的。做好心理放松会在不知不觉之中对自身的意志、心理以至生理状态产生影响，会使我们保持好的心情、乐观的情绪、自信心，从而调动人的内在因素，发挥主观能动性。

（六）理性升华

理性升华是指将情绪激起的能量引导到对他人、对自己、对社会都有利的方面去，这实际上是对情绪的一种较高水平的宣泄。比如，战国时期的诗人屈原，被楚怀王疏远放逐后，根据楚国的政治现实和个人的不平遭遇，创作出伟大的政治抒情诗歌《离骚》；西方文学家歌德，年轻时曾有几次痛苦的失恋经历，几度想到自杀，但他最终控制住了这些愚蠢的想法，把自己破灭的爱情当作写作素材，创作了震撼世界的《少年维特之烦恼》。因此，大学生在面临困难与挫折时，要有志气和勇气，能够化悲痛为力量，成为生活的强者。

（七）人际交往调节

调查发现，友好的人际关系能培养个体对他人的关爱、同情心和温和的性情，使个体产生开朗、积极主动、自信等积极的情绪，与他人建立更深入和更令人满意的关系。享受与人交往的快乐，养成与亲人或亲密朋友分享好消息的习惯，让他们与你一起庆祝，你们会变得更加亲密，你的情绪也会更加积极向上。

心理故事

小李是一名大学三年级的学生，打算参加专升本考试。面临巨大的学习压力，他选择了定期运动来放松心情，每周跑三次步，每次五千米。就这样，在锻炼身体的同时，他保持了良好的心理状态，从而顺利完成了复习。在最后进入考场前，他对自己进行积极的心理暗示："我复习时间不比别人短，学习状态不比别人差，我能行，我一定能行！"之后，他便踏着自信的步伐走进了考场。在发放试卷之前，小李进行深呼吸来调节心情，最终超水平发挥，顺利完成了整场考试，取得了优异的成绩。良好的情绪管理方法帮助小李完成了目标，实现了理想。

知识拓展

第二次世界大战期间，美国位于东南亚的一个野战医院条件非常恶劣，满地躺着伤兵，伤员不断发出叫骂声，大家的情绪非常低落，死亡率非常高。有一位医生想到可以用音乐缓解大家的情绪，也许会有好一点的效果。他找到了一台留声机，放起了音乐。结果，大家的情绪很快就平静下来。坚持放了一段时间的音乐后，他发现伤员手术后的感染率降低了，死亡率也大大降低，手术后的愈合期也大大缩短。

经专门人员研究发现，刚开始放音乐时，人的心跳会减缓，血压会降低，呼吸也会减慢。在进一步的实验中发现，人在听音乐时，皮肤的电阻值会上升，体内一种叫内啡肽的物质也会增加；体内免疫球蛋白的数量也会上升。这些都是在人的注意力集中在听音乐上时发生的变化。

心理活动训练

认知三栏目技术和理性情绪疗法的运用

活动目的：学会运用认知三栏目技术和理性情绪疗法，通过改变认知失真、错误认知等，改变人的消极情绪，以及由消极情绪带来的负面反应。

活动操作：将一张纸一分为三，从左到右分别写上随想、认知失真、合理的反应。

当你有心理困惑时，请你坐下来，按照以下三个步骤进行：

1. 将你当时头脑中出现的随想全部写在纸上，不要让它们老是萦绕在你的头脑中，想到什么就写什么。

2. 将所有的随想都写下来以后，对每一种随想进行分析，将其与前面的不合理认知表现进行对照，找出你的认知失真，准确揭示你对事实的歪曲。

3. 对失真的思想进行无情的反击，以更客观的观念取代非理性观念。

以下表中的几种随想为例，进行练习。

认知三栏目练习

随想	认知失真	合理的反应
被老师当众批评，真丢死人了！	极端化思维	每个人都会犯错，被老师批评是正常的事，没有什么丢人的。虽然老师当众批评我，让我很难堪，但也不至于那么可怕。没有时间观念，的确不是什么好习惯，以后要尽力改正。

续表

随想	认知失真	合理的反应
我真是个失败者，怎么会落魄到这种地步？	人格化，以偏概全	不对，我能进入大学，就说明我很优秀，在学习方面我一点也不比别人差，今天的事只是一个小插曲而已。
计算机等级考试不知怎么回事把表格部分做错了，至少有15分呢！这下全完了！	夸张，以偏概全，极端思维	没了就没了，后悔也于事无补，也就15分，还有85分呢，其他题做好了，及格就没有问题了，85分再扣掉20分都还有希望。拿不到高分也没关系，反正及格了就能拿到证书。退一步说，这次不及格下次还可以再考。
今天真是倒霉，偶尔迟到一次就被老师点名当成旷课，一整天都在上演悲剧，我怎么就这么背呢？	诅咒，心理过滤	今天虽然遇到这么多烦心事，但这一整天也不全是倒霉的，也不算是最糟糕的，还有补救的办法。我不能只想着不愉快的事，这样会越想越不愉快的，我应该忘记这些烦恼，尽快调整好自己的情绪，准备明天要做的事。其实，我也有运气好的时候，比如，我一出门就能坐上公交，逛街能买到既喜欢又便宜的衣服，忘记带伞的时候不下雨……
……	……	……

利用认知三栏目技术，将每天的典型情绪反应记录下来，并利用理性情绪疗法认真分析，持续做一周的练习，逐渐培养主动以理性思考调整情绪的习惯。

自我评估与小结：

1. 如何分析自己情绪发生的真正原因有哪些？
2. 遇到不良情绪时，如何控制自己的情绪并进行反思？
3. 尝试将理性情绪疗法应用到平时的人际交往中，改善人际关系。

自省与成长

1. 谈谈情绪的类型及情绪和心理健康的关系。
2. 大学生的情绪有哪些特点？
3. 大学生有哪些常见的不良情绪？
4. 联系自身体验，谈谈如何调节不良的情绪。

第四章 大学生人际关系心理

学习目标

1. 了解人际关系的基本含义和人际关系的建立过程。
2. 了解大学生人际关系的类型及人际交往的意义。
3. 理解大学生人际交往的特点及影响因素。
4. 掌握人际交往中的心理效应。
5. 掌握大学生人际交往中的心理问题及应对方法。

案例导入

美国心理学家沙赫特曾做过这样一个实验：他以每小时 15 美元的薪金招募应试者到他创设的一个小房间里居住，居住的时间越长，得到的报酬越多。这个小房间完全与外界隔绝，没有报纸，没有电话，不准写信，听不到外界的声音，当然，更找不到人聊天，每天只供应饮食等必需的用品。先后有 4 人应聘参加了这个实验。实验的结果是：1 个人在小房间里待了 2 个小时，2 个人待了 2 天，只有 1 个人待了 8 天。这个待了 8 天的人出来以后说："如果再让我在里面待 1 分钟，我就要疯了。"这个实验充分验证了人作为社会性的个体，离不开与他人的交往。就像吃饭、睡觉一样，人际交往也是个体的一种需要，良好的人际关系是个体生存与发展的基础和条件。

与人交往和沟通，建立良好的人际关系，是每个人的基本社会需要，也是一个人健康成长的必备条件。当今社会是一个充满人际交往、合作与竞争的社会，人际交往能力已成为大学生最重要的基本素质之一。因此，掌握人际交往的基本规律和技巧，提高人际交往能力，构建良好的人际关系，是大学生心理健康教育的重要内容。

第一节　人际关系概述

一、人际关系的基本含义

在心理学上，人际关系是指人与人在物质和精神上相互交往的过程中，彼此间发生和建立起来的相互影响的心理关系。人际关系的亲疏、友善与敌对取决于人们的心理需要满足的程度。如果交往双方的社会心理需要都能获得满足，人们之间就能保持一种亲密的、信赖的、友好的关系。

如果因一方对另一方不友好、不尊重，使另一方产生焦虑和不安，就会拉大彼此间的心理距离，使原来的亲密关系变成疏远关系，甚至发展成为敌对关系。

二、人际关系的建立

（一）自我表露

从广义上说，社会交往过程包含情感的交流，而情感交流是与自我表露分不开的。自我表露即我们常说的“敞开心扉”，把有关自我的信息、内心的思想和情感表露给对方。良好的人际关系是在交往双方的自我表露逐渐增多的过程中发展起来的。

自我表露可以增加他人对你的喜欢。自我表露本身具有很强的象征性，它给对方传递了一个鲜明的信号：你对他相当信任，并愿意进一步交往。而且，对他人的自我表露可以引发他人的自我表露，由此增进相互理解和信任。心理学家认为，自我表露的益处包括：一是让交往双方知道彼此的相似与不同点，了解相似与不同的程度；二是能够增强自我觉察的能力；三是借助分享体验，个体可以发现并非只有他们面临某些问题；四是可以从他人那里获得反馈，减少不必要的行为。

当然，自我表露必须注意分寸，过分表露会让人感到不适。一般来说，表露的广度和深度是随着人际关系的发展而逐步增加的，对于不同的交往对象，在不同的发展阶段，自我表露的广度和深度明显不同。例如，在非常亲密的朋友之间，自我表露往往十分深入，达到无话不说的地步。但是需要注意的是，无论关系多么亲密，人们都可能存在不愿意暴露的领域，这就是所谓的隐私问题。隐私需求和沟通需求之间要保持适度的平衡，这样亲密关系才能正常发展。自我表露示例图如图 4－1 所示。

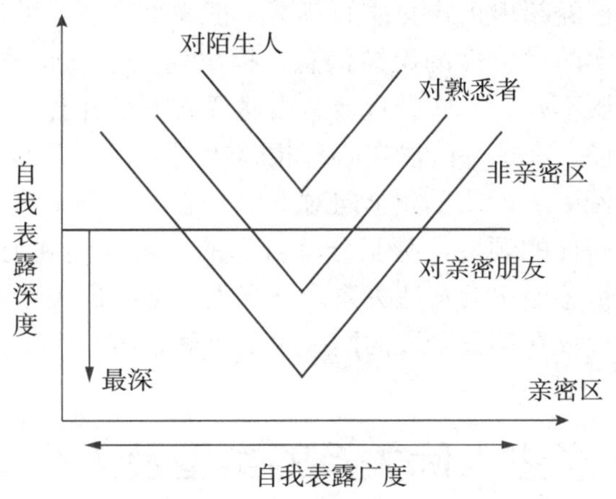

图 4－1　自我表露示例图

（二）人际关系的建立过程

人际关系以需要为基础、以情感为纽带、以交往为手段、以自我表露为标志，其发展过程主要分为四个阶段。

第一，定向阶段。在这个阶段，我们会有意识地选择交往对象。定向阶段包含对交往对象的注意、抉择和初步沟通等多方面的心理活动。在熙熙攘攘的世界里，我们并不是与任何一个人都能建立良好的人际关系，而是对交往的对象有着高度的选择性。在通常情况下，只有那些激起我们兴趣的人，才会引起我们的特别注意。因此，注意也是一种选择，它本身反映了某种需要的倾向。例如，在社团招新时，我们总会优先关注有着相同兴趣的人。

在选择了人际交往对象之后，就要进行初步的交流沟通，目的是对别人有一个最初的了解，以便知道是否可以与对方有更进一步的交往，从而使彼此之间人际关系的发展有一个明确的方向。由于初步沟通实际上是试图建立更深刻关系的尝试，因此，尽管我们所暴露的有关自我的信息是最表面的，但我们都希望在初步沟通过程中给对方留下良好的第一印象，以便使双方的关系向着积极的方向发展。

第二，情感探索阶段。在这个阶段，双方的情感相互融合，建立起安全感和信任；开始开拓共同的情感领域，沟通逐渐扩大；自我表露程度不高，交往仍然很正式。双方彼此探索在哪些方面可以建立真实的情感联系，而不是仅仅停留在一般的正式交往模式上。这一阶段，随着双方共同情感领域的发现，沟通会越来越广泛，自我暴露的深度与广度也会逐渐增加。但是，沟通的话题仍然避免触及对方私密性的领域，自我暴露也不涉及自己较为敏感的方面。例如，我们和刚认识的室友虽然一起吃饭逛街，但不会聊家庭矛盾，这时的相处模式就像参加学生会的正式会议，大家保持着一定的礼貌距离。

第三，感情交流阶段。在这一阶段，人际关系的性质发生了质的变化，表现为更亲近和信任；共同的情感领域也不断扩大，沟通和交往的内容更多涉及私人内容；自我表露程度较深，相互都有情感上的较大投入，交往的模式超出正式范围，互相坦诚相待、直言相告。此时，双方的人际关系安全感已经得到确立，因而谈话也开始广泛涉及自我的许多方面，并有较深的情感卷入。如果关系在这一阶段破裂，将会给人带来相当大的心理压力。这一阶段，双方的表现已经超出正式交往的范围，正式交往模式的压力已经趋于消失。此时，人们会相互提供真实的评价性的反馈信息，提出建议，彼此进行真诚的赞赏和批评。例如，如果对方穿新衣服不好看，你会直接给出建议而不是客套。

第四，稳定交往阶段。在这一阶段，心理相容达到了相当高的水平，表现为相互接纳程度很高；自我表露更深更广，几乎完全向对方敞开心灵，毫不掩饰；关系牢固，可以允许对方进入自己高度私密性的领域，甚至分享自己的生活空间和财产。但在实际生活中，很少有人能够达到这一情感层次的友谊关系。许多人与他人的关系并没有在第三阶段的基础上进一步发展，而是仅仅在第三阶段的同一水平上简单重复。

第二节 大学生人际关系的类型及人际交往的意义

按照形成基础，人际关系可以分为三类：一是血缘关系。此种人际关系以家庭为中心，成员间的交往构成一个血缘关系网络或一个由若干家庭交叉形成的亲缘关系网络。血缘关系是人际关系中最直接、最普遍的关系。二是地缘关系。此种人际关系是因居住在共同的区域，以地域为基础而形成的人际关系，如邻里关系、同乡关系等。三是业缘关系。

这种人际关系以共同的事业、志趣为基础，如同事关系、师徒（生）关系、同学关系、经营关系等。

美国社会心理学家舒尔茨根据个体对他人需求的不同，将人际关系分为三类：一是建立在包容需求上的人际关系，表现为愿意与他人交往，希望与他人建立和维持相互接纳的、和谐的人际关系。基于这种愿望形成的行为特征是接纳、沟通、参与、归属、随同等；与此相反则表现为退缩、排挤、对立、疏远等。二是建立在控制需求上的人际关系，表现为在权力或权威的基础上建立与维持关系，这是一种控制与被控制的关系。具有控制需求的人的行为特征是领导、支配、控制等；与此相反则表现为受支配、追随他人等。三是建立在情感需求上的人际关系，表现为交往双方形成感情依赖，关系比较亲密。具有情感需求的人的行为特征是热情、友好、喜爱、亲密、同情、友善等；与此相反则表现为冷淡、疏远、憎恶等。舒尔茨将人的这三种需求按照主动性与被动性进一步分为六种人际关系倾向，具体见表 4－1。

表 4－1　六种人际关系倾向

	被动性	主动性
包容	期待别人接纳自己	主动与他人交往
控制	希望被别人引导	支配他人
情感	等待别人与自己亲密	主动表达友爱

一、大学生人际关系的类型

（一）师生关系

教师与学生是大学校园中的两大基本群体。教师是学生人际交往的重要对象，师生关系是大学生人际关系的重要内容。教师既是知识的传授者，也是大学生人格模仿的对象，因此，大学生思想品德的形成以及学业的发展都与其和教师的交往密切相关。师生关系如何，直接影响学生在学校的学习和成长。

（二）同学关系

同学是大学生人际交往最基本的对象，同学关系在大学生人际关系中占主要地位。大学生与同学间的交往最为普遍，也最为复杂。一方面，同学之间年龄相近、经历相仿、爱好相似，又在一起学习和生活，因此比较容易相处；另一方面，同学之间的生活习惯、个性特征存在一定的差异，加上交往频率较高，空间距离过小，又因缺乏协调人际关系的经验，故在交往过程中难免发生矛盾和冲突。

（三）舍友关系

舍友关系是同学关系的一种，但又具有特殊性。宿舍就像家庭一样，宿舍成员之间“抬头不见低头见”。因此，处理好舍友关系对大学生而言非常重要。

（四）恋爱关系

恋爱关系也是大学生人际关系的一种重要类型。在现代的大学中，虽然学校不公开反对谈恋爱，但是当我们尚且无知、贫乏和幼稚时还是不要急于去品尝那尚未成熟的果实。我们应该有一颗上进的心，不断进取，努力实现自己的理想。对于现在的我们而言，年少青春与书本为伴，或许更有价值。

（五）社会关系

大学生人际交往中的其他人员包括除教师、同学、家庭成员之外的各类社会成员。大学生与其他人员的交往多半是由于学习和生活需要而进行的，具有偶然性、暂时性和被动性。近年来，大学生有较多的机会深入社会，在实践中锻炼自己，增长才干，但由于他们缺乏人际交往的社会经验，不能正确看待社会地位间的差异，有时会产生一些矛盾，对此，学校需要加以引导。

（六）网络人际关系

互联网的发展拓展了大学生的交往空间，创新了大学生的人际交往方式。一般来说，网络交往的匿名性特点可以给交往双方带来一定的安全感，也能实现交往双方心态和精神上的平等。但同时，部分大学生缺乏自律及自主性，过度热衷于网络交往，以虚拟代替现实，甚至患上网络依赖症，采取冷漠、孤僻、偏激的态度对待现实交往，严重影响了其现实交往能力。还有的大学生在网络空间中肆无忌惮地放纵自我，责任意识淡薄，肆意践踏网络底线，全然丧失道德良知，甚至触犯法律。虽然虚拟的网络交往在很大程度上扩展了人们的交往范围，但也要看到其对大学生人际关系的负面影响，引导大学生正确认识网络交往的虚拟性及网络交往和现实交往的差别，培养正确的交往观念。

知识拓展

网络人际关系

随着信息化时代的到来，知识的传递变得更为快捷，网络人际交往成为一种新型的人际交往模式。中国互联网络信息中心（CNNIC）发布的第56次《中国互联网络发展状况统计报告》中提到，截至2025年6月，我国网民规模达11.23亿人，互联网普及率为79.7%，网民以青少年、青年和中年群体为主，10～49岁网民占比达60%以上。网络交往已经成为备受新时代大学生青睐的重要社交方式。网络人际交往突破了现实的限制，大学生可以在一个很广阔的环境中根据自身的爱好、志向选择交往的对象、内容。网络世界提供了丰富的资讯，对大学生进行知识更新和调整自身的知识结构大有益处；更便捷的人际互动大大拓宽了他们的社会接触范围；更安全的交往空间则为他们提供了一个更舒适的表达自我的平台。

网络人际关系具有如下特点。

1. 匿名性

网络人际交往中通常并不使用真实姓名，匿名性可以给人带来人际交往上的安全感。相对于现实中人与人面对面的交流，人们更乐于向网络上遇到的陌生人进行自我暴露，通过网络放心地向陌生人倾诉心中的话，更自由地展现真实的自我。

2. 平等性

现实中的人际交往由于身份、职业、背景、阶层等不同而呈现出一定的等级性，而在虚拟的网络人际交往中，个人可以突破现实中身份、地位的不平等，以平等的心态交流和沟通。

3. 多元性

大学生网络人际交往的内容和形式呈现多样性。在交往内容上，既有获取新鲜资讯、交换观点的互动，也有寻求情感宣泄和支持的交流。在交往形式上，则有聊天软件、邮件、论坛、游戏、直播等。网络交往环境与现实交往环境不一样，人们可以在包罗万象的网络空间中加深自我表露，探索感兴趣的领域，逐步塑造更为丰富、多样、立体的自我。

4. 依赖性

“90后”“00后”大学生大多是独生子女，许多大学生在很长时间内都是以自我为中心的。他们渴望与人交流，拥有自己的交际圈。上大学后，他们在现实的交友过程中难免会遇到各种各样的烦恼，感觉通过网络进行人际交往会轻松很多，于是很容易对网络人际交往产生依赖性，这种依赖性可能会对现实的人际关系产生一定的负面影响。

虽然虚拟世界有其精彩之处，但它无法代替现实世界。随着我们的现实生活越来越与网络生活连接在一起，网络人际交往和现实人际交往的界限也越来越模糊。网络人际交往在很大程度上扩展了人们的交往范围，使人们获得了更丰富和复杂的体验。显然，网络人际交往是一种新型的人际关系网络，理想的人际交往状态是现实人际交往模式和虚拟的网络人际交往模式互补。

二、大学生人际交往的意义

美国卡内基梅隆大学曾对10 000人的个案记录进行分析，结果发现：“智慧”、“专门技术”和“经验”只占成功因素的15%，其余均依靠良好的人际关系。可见，建立良好的人际关系是多么地重要。大学生正处于身心全面发展的时期，学会建立良好的人际关系有其特殊的意义。

（一）良好的人际关系有助于大学生智力的开发和学习效率的提高

大学生的主要任务是开发智力，学习知识。而智能的开发、学习效率的提高不仅取决于个人的努力，还与其他许多因素有关。良好的人际关系能促进大学生的信息交流，有助于大学生智力的开发和技能的提高，以及学习效率的提高。

（二）良好的人际关系有助于大学生自我意识的发展与完善

大学生的自我意识归根到底是由社会存在决定的，而大学生所处的生活环境特别是人际环境对大学生自我意识的发展起着重要作用。处于良好的人际关系中，大学生能时时感到自己为他人所接受、所承认，从而满足自尊心，提高自信心，意识到自己对他人和社会的价值。同时，通过参考别人对自己的态度和评价，大学生可以提高自我评价的能力，使自我评价变得更加客观、全面。

（三）良好的人际关系有助于促进大学生的心理健康

我们从小到大都离不开人际交往活动。人际交往的时间和空间越广泛，人的精神生活就越丰富，得到支持与帮助的机会就越多，也就越能保持心理平衡。特别是青年学生，通过交往可以获得友谊、支持、理解，得到内心的慰藉，提高自信和自尊，增强自我价值感和力量感，降低挫折感，缓解内心的冲突与苦闷，宣泄愤怒、压抑与痛苦，减少孤独感和失落感。如果人际交往的需要得不到满足，大学生的挫折感就会增加，进而引发一系列的不良情绪反应，如孤寂、惆怅、空虚等。而不良的情绪作用于生理活动，会使人抗病能力减弱，正常机能减退，甚至出现相应的身心疾病。

（四）良好的人际关系有助于促进大学生的全面发展

当今世界，生物和科学技术迅猛发展，整个世界处于不可分割的普遍联系之中，国家之间、民族之间、地区之间的联系较过去大大加强，人与人之间的交往和联系日益密切。生活于现代社会中的每一个个体，其知识的积累、能力和水平的提高，以及事业的成功等，都离不开一定的社会条件，离不开与他人、集体、社会的交流。在交往中，每个人都可以用别人创造的物质文化和精神文化成果充实自己，使自身得到发展。可以说，离开了交往，人就无法生存，更谈不上全面发展。

（五）良好的人际关系有助于促进大学生的社会化进程

社会化是个体获得态度、价值、需要、交往技能及其他能使个人参与社会生活的品质的过程。通过社会化，个体逐渐学会以社会所允许的方式行动，从一个生物性的个体变成一个社会成员。人的社会化进程是在与人的交往中进行和实现的。随着人的成长，交往范围不断扩大，交往内容逐步深化，交往形式日趋多样，社会化水平也不断提高。大学生的交往性质和交往水平直接影响着他们社会化的水平。

第三节　大学生人际交往的特点及影响因素

一、大学生人际交往的特点

（一）迫切性

人际交往贯穿大学生的生活，社会对人的适应能力提出了更高的要求，交往成为当代大学生人格发展的重要课题。他们迫切希望建立起积极良好的人际关系，使他人能够了解自己，在人际关系中获得尊重，实现自我价值。

（二）平等性

大学生身心发展水平比较接近，彼此之间有着大致相同的年龄、经历和心理，知识结构和思想特点也相差无几。因此，大学生的交往带有明显的人格平等、角色相似等特征。

（三）理想性

大学生所承担的社会角色决定了他们的主要任务是学习，基本不存在经济关系带来的一系列利害冲突。大学是大学生思想活跃、感情丰富的时期，他们更珍视友谊，把友谊作为重要的追求目标。此外，大学生的思维极富浪漫性，头脑中充满了对理想的憧憬和对生活的热爱，较少出现互相利用的功利色彩的人际关系。

（四）多样性

大学生之间个性差异很大，每个人的交往都可能不同于他人，并且大学生的交往意识很强，交往范围较宽，这使大学生的交往方式和活动呈现出多彩的个性特点。无论是活泼好动还是孤僻好静的大学生，在交往中都表现出自主性。

（五）与异性交往意愿强烈

大学生在生理发展上处于青春期，与异性交往的意愿强烈，渴望与异性建立真诚、深厚的友谊。但部分学生在与异性的人际交往中存在不同程度的交往障碍，缺乏人际交往的技巧。因此，大学生学会与异性交往非常重要，关键是要把握好交往的“度”。

二、影响大学生人际交往的因素

（一）时空的接近性

个体相互之间地理位置越近，越容易形成密切的人际关系，比如同桌、同寝室的人，他们不仅容易交往，而且交往更为频繁。此外，时间上的接近，如同龄、同期入学、同期毕业等，也有助于形成人际关系。然而，时空的接近性并不是形成良好人际关系的决定性因素，只是一个必要条件，而非充分条件。有时，人与人在空间上接近，未必一定能彼此吸引，甚至可能日久生厌。

（二）态度的相似性

“惺惺相惜”指的是才智相近的人会彼此欣赏。人们倾向于喜欢某方面或多方面与自己相似的人，思想、信念、价值观、道德评价，兴趣、爱好以及民族、年龄、学历、社会地位、职业、修养等方面的一致性或相似性，都有助于彼此间关系的融洽。

与和自己类似的人交往，彼此可以找到更多的共同点，更能被对方接纳和认同。观点看法一致实际上是对自己的一种社会支持，在交往中双方有共同语言，可以相互理解、相互印证、互相支持，使得友情得以深入发展。因此，双方的相似点越多，吸引力就越大。

（三）需要的互补性

需要和满足需要的期望是人们相互交往的重要动机和目的。人际关系的形成取决于交往双方满足彼此需要的方式和程度。比如，两个性情极端不同的人却能和谐相处。这种两人之间因互补而产生的吸引力被称为互补性。除了两性之间男刚女柔的自然互补之外，在兴趣、专业、特殊才能等方面，多数人都会希望他人来补足自己所缺乏的部分。

（四）外表与个性特征

1. 外表因素

爱美之心，人皆有之。人们常常把外表有吸引力的人视为拥有较多优良人格特征的人，一个人的长相、穿着、仪表、体态，往往是构成人际吸引力的重要因素。

2. 性格因素

人们往往对乐观开朗、助人为乐、富于幽默感、有进取精神的人非常倾慕。因为与这种类型的人相处，能够给人带来欢乐。心理学家安德森在 1968 年进行的一项研究中，将 555 个描绘个性品质的形容词列成表格，让大学生按照喜欢程度由高到低排列。结果显示，大学生最喜爱的个性品质前十位是真诚、诚实、理解、忠诚、真实、可信、聪慧、可依赖、有头脑、体贴；最厌恶的品质前十位是古怪、不友好、敌意、饶舌、自私、狭隘、粗鲁、自负、贪婪、不真诚。尽管安德森进行研究的时间是在1968年，但他的发现与当代人的选择倾向仍有高度一致性，并且对当代中国大学生也有重要的启发意义。

3. 能力因素

人们都比较喜欢聪明能干的人，觉得与能力强的人交往是一种幸福，并感到自豪。但有研究发现，群体中最有能力的成员往往不是最受喜爱的人。因为人们往往不会选择和总是衬托出自己无能和低劣的人做朋友。因此，有研究显示，一个很有能力而又有小缺点或过错的人，反而更容易吸引一般人接近他，这种人比那些有能力又完美无缺的人更具吸引力。

（五）沟通与语言表达能力

缺乏沟通能力或技巧、语言障碍等都是影响人际交往的因素。例如，有人口齿不清，语言表达不准确，常常词不达意，他人不能确切理解其表达的含义或者容易引起误会；也有人说话时使用不当的语调，很少使用商量的语调，习惯用命令式的语调，引起对方反感；还有些人存在偏见或歧视，不能正确看待和认识他人，妄自尊大或沾沾自喜。这些都会妨碍良好人际关系的建立。

第四节　人际交往中的心理效应

在人际交往中，个体对交往对象的认知、印象、态度及情感等，都会直接影响到他们的人际关系。因而，在人际交往中注重和利用心理效应的作用，有利于建立良好的人际关系。

一、首因效应

人与人首次交往中留下的印象在对方的头脑中占据着主导地位，这种效应即首因效应。首因效应也叫首次效应、优先效应，或“第一印象”效应。人们初次相遇时，总是首先观察对方的衣着、相貌、举止及其他可察觉到的动作反应，然后根据观察到的印象对对方做出一个初步的评价。虽然第一印象是在很短的时间内根据有限的、表面的观察资料得出的，但由于它的新颖性和双方鲜明的情绪色彩，因此能在人的脑海中留下深刻的烙印，且不易被消除。如果某人初次见面时给人留下了良好的第一印象，这种印象就会左右人们对他以后的认识，使人们总是以肯定的眼光看待他，即使后来他发生了很大的变化，人们也很难改变这种印象。这就是第一印象的定势作用。因此，在人际交往中，给对方留下良好的第一印象，展现自己最吸引人的品质是非常重要的。第一次和交往对象见面时，应穿着整齐、干净，谈吐自然，有礼有节。

心理故事

人际交往中的首因效应

一位心理学家曾做过这样一个实验：他让两个学生都做对30道题中的一半，但是让学生A做对的题目尽量出现在前15题，让学生B做对的题目尽量出现在后15题，然后让一些被试对这两个学生进行评价——两相比较，谁更聪明一些？结果发现，多数被试都认为学生A更聪明，这就是首因效应。

二、近因效应

在人际交往不断深入的过程中，时间最近的信息对认知的影响较大，所留下的印象也相对深刻，最后的印象就会冲淡或盖过以往的印象，对行为产生重大的影响。这种现象主要发生在熟人之间，被称为“近因效应”或“新颖效应”。比如，对于多年不见的朋友，留在脑海中印象最深的往往是临别时的情景。

心理故事

人际交往中的近因效应

张林与李萌是小学同学，从小学时起，两人就是好朋友，双方非常了解。可是近段时间以来，李萌因与家中闹矛盾，心情十分不快，有时与张林交谈时动不动就发火。此外，李萌还因一个偶然因素卷入了一桩盗窃案。张林认为李萌过去一直在欺骗自己，于是与她断绝了友谊。这其实就是近因效应在起作用。

人们对待熟人更重视近期的表现，而容易忽略过去的表现，这似乎显得不念旧情，但却符合人的心理规律。由于人们对已经很熟悉的人很了解，因此几乎没有首因效应可言。但是相对地，近期的表现就会给对方留下比较突出的印象。在熟人间的交往中，哪一次交往会产生近因效应，是无法预料的。也就是说，近因效应容易引起“一着不慎，满盘皆输”的后果。因此，我们在和熟人的交往中更要谦虚为怀，以诚相待。如果引起对方的误会，就必须在对方心平气和时进行坦诚的交流，努力消除误会，避免激化矛盾。这种真诚、谦虚的态度有助于双方重归于好。

三、晕轮效应

晕轮效应又叫成见效应，是指在人际交往中，对某人的某一种特性特别欣赏或厌恶，从而影响了对他的其他品质的认识和评价。晕轮效应的产生是人们在人际交往中未能全面掌握对方信息资料的情况下根据局部特征做出总体判断的结果。例如，一个人对某人产生了良好的印象后，便以偏概全，认为这个人的所有方面都很好，好像他被一个明亮的光环笼罩着，自然而然地把他与各种美好的品质联系起来。人们常说的“爱屋及乌”“情人眼里出西施”就是晕轮效应的经典体现。

晕轮效应往往会影响人们的相互交往。如在一个集体里，当你对某人印象好时，你就觉得他处处顺眼，甚至觉得他的缺点、错误也很可爱。当你对某人印象不好时，就觉得他处处不顺眼，对其优点、成绩也视而不见。这种心理状态必然会影响人际关系的和谐。

四、定势效应

定势效应是指在人的头脑中存在某些固定化的认识，影响着对他人的认知和评价。首因效应强调第一次接触时形成的印象的影响，而定势效应则侧重于头脑中已有的某些观念的影响。这些观念有的是个体自己形成的，有些则是社会上长期流传和沿袭下来的习惯看法、观念在头脑中的积存。人们在交往中不仅会对个体形成印象，对群体也会形成印象，并且这种对群体的印象还会影响到对群体中个体的认知，这也叫作社会刻板印象，即人们对社会上某一类人所形成的概括而固定的看法。如果一个人属于某个职业，就认为他一定具备该职业的特性。例如，在人们的认知里，知识分子书生气十足，工人粗犷豪放，会计师精打细算，教授被认为学究气十足。方下巴是坚强意志的标志，宽大的前额象征智慧，胖人心地善良，厚嘴唇被视为忠厚老实等。这些都是人们的刻板印象。

定势效应在人际交往中有利有弊。一方面，它会使认识别人的过程发生某种程度的简化，有助于人们对他人做概括的了解；另一方面，倘若在非本质方面做出概括而忽视了人的个别差异，就会形成偏见，做出错误的判断。在人际交往中，必须克服上述心理偏见，要辩证地、发展地、全面地、历史地观察、了解一个人，提高对人、对事认识的广度和深度，从而提高交往的水平。

五、投射效应

投射效应是指在人际交往中，人们在形成对别人的印象时总是假设他人与自己有相同的倾向、特征，即“由己推人”。投射效应在大学生人际交往过程中的表现形式是多种多样的。如有的大学生对他人有意见，总以为他人对他怀有敌意，甚至觉得对方的一举一动都带有挑衅色彩；有的同学喜欢在背后议论别人，总以为别人时常在背后议论他；有的大学生习惯讲假话，也常常不相信别人的话；有的大学生自己对某件事感兴趣，以为他人也感兴趣，在一起聊天时口若悬河、高谈阔论，完全不顾及他人；有的同学在传递信息时，总以为自己知道的信息别人也知道，随意“打折扣”，斩头去尾，三言两语造成误解，甚至误事。

投射效应的实质就在于从主观出发，简单地去认知他人，导致自我与非自我、主观与客观、认知主体与认知对象不分，产生认知的主观性、任意性。因此，在认知过程中，我们应注意客观性，力求从客观实际出发，深入考察，摒弃主观臆断和妄想猜测，尽量减少人际交往中的误会和矛盾。

六、视网膜效应

当我们自己拥有一件东西或一项特征时，就会比平常人更容易注意到别人是否跟我们一样具备这种特征。视网膜效应和投射效应都涉及认知选择性关注机制，但两者作用方向不同。视网膜效应是“自我中心化关注”，即关注自身特征在他人身上的映射；投射效应则是认知偏差映射，即将自身特质强加于他人。视网膜效应会对人的心理和行为产生很大的影响。卡耐基曾提出这样一个论点：每个人的特质中大约有 80%是优点，而 20%是缺点。当一个人只认识到自己的缺点而忽略优点时，视网膜效应就会促使其发现身边许多人也有类似的缺点，进而使其人际关系无法改善，甚至恶化，生活自然也就不快乐。例如，经常撒谎的人会认为别人也在骗自己；经常占别人小便宜的人总是怀疑别人也在占自己的便宜。这就是视网膜效应的消极影响。相反，当一个人能够发现自己所具备的优点时，同样也会以一颗包容的心来观察与接纳周围的人。因为他能够以积极的态度对待他人，所以会拥有好的人缘。例如，一个心地善良的人，会觉得别人也和自己一样善良，就会很容易和他人融洽相处，从而拥有广泛的人脉。这就是视网膜效应的积极影响。

七、犯错误效应

犯错误效应也称“白璧微瑕”效应，即小小的错误反而会提高有才能的人的人际吸引力。心理学上对这种现象有两种解释：一种解释是一个能力非凡的人给人带来的感觉总是不安全、不真实的，人们对这样的形象不能够真正地接纳和喜欢，而是敬而远之或敬而仰之。鲁迅先生曾说：“凡是神圣的、神秘的事物都是值得怀疑的。”另一种解释是从人的自我价值保护角度上来说的。通常人们喜欢有才能的人，才能与被喜欢的程度成正比例关系。然而，任何事情都有其限度。如果一个人的能力过于强大，以致使他人感到卑微无能和价值受损，事情就会朝反方向发展。人们首先会进行自我价值的保护，人们不太可能选择和总是衬托出自己无能和低劣的对象来交朋友。相反，一个犯小错误的能力出众者则会降低这种压力，缩短双方的心理距离，保护他人的自尊，从而赢得更多的喜爱。值得说明的是，犯错误效应的产生是有条件的，即犯错误者应该是具有非凡才能的人，而且犯的错误都是一些可以原谅的小错误。

第五节　大学生人际交往中的心理问题及应对

一、大学生人际交往中的一般心理问题

每位大学生都希望拥有一个美好的人际关系世界，但又觉得人际关系是一门复杂的学问，有时处理起来非常棘手。近年来，受各种因素的影响，大学生人际交往困难成为大学生活中的一个普遍问题。事实上，大学生只要认识相关规律并积极调节，就能够处理好人际交往当中出现的问题。那么，大学生人际交往过程中究竟存在哪些具体心理问题呢？出现问题时我们又该如何解决呢？

（一）不敢交往

在人际交往中，很多人都存在着不同程度的恐惧心理，只是每个人的反应程度有所不同。有一部分大学生反应特别强烈。由于害羞、自卑等心理的作用，他们在与人交往时特别紧张，心跳加速、面红耳赤，双眼不敢正视他人；在与人交谈时，他们可能语无伦次、词不达意，尤其在人员多的场合或者在集体活动中更容易感到恐惧，不敢和人打交道，不敢表现自己，严重情况下可能导致社交恐惧症。

（二）不愿交往

部分大学生在经历了“千军万马过独木桥”的高考之后，发现自己不再像中学时那样出类拔萃，形成嫉妒与自卑心理，认为自己不如别人，担心别人瞧不起自己，缺少人与人间必要的信任与理解，人际交往平淡无奇，缺乏与同学之间基本的合作精神，甚至视同学为竞争对手。有的大学生自高自大，瞧不起别人；有的大学生群体意识淡薄，以自我为中心，对周围的人与事漠不关心；有的大学生只在“我”高兴、“我”开心时愿意与他人交往，否则就拒人于千里之外，对同学缺乏必要的宽容，甚至为一些鸡毛蒜皮的小事大打出

手；有的大学生遇事总是回避、退让，整日郁郁寡欢，缺乏交往的愿望和兴趣，他们自我封闭、孤芳自赏，但又特别敏感，心理承受能力差，常常独来独往，不愿意抛头露面，不愿与人交往。

（三）不善交往

有些大学生不善于了解和运用交往中的知识与技巧，在交谈过程中显得过于生硬、木讷。比如，心存感激时不知如何表达；不注意交往中的“第一印象”，不注意沟通方式，在劝说他人、批评他人、拒绝他人时不讲究艺术；不注意交往的原则，开玩笑不注意场合，不给人留面子；出言粗鲁伤害对方的自尊心；不懂得尊重对方的风俗习惯；不懂装懂、夸夸其谈等。这些表现都有损于自身形象的塑造，影响同学之间进一步的交往。

（四）不懂交往

进入高校之后，新生大都具有强烈的人际交往的欲望，但又常常感到人际交往很困难。究其原因是许多大学生对人际交往的追求往往带有较浓的理想色彩，以友谊的理想模式为标准来衡量生活中的人际关系，导致高期望值与高挫折感并存。比如，有的大学生经常对过去的事情津津乐道，而对现实生活中的人际交往却表现出强烈的不满。有的大学生不懂得相处之道，疏忽平时的交往积累，总希望别人主动关心自己、主动与自己交往；而自己总是处于被动地位，只在自己有事求助于他人时才去“临时抱佛脚”，使对方感到无论是在物质上还是在精神上都不能受益，有时甚至感到自己是累赘，这种交往理所当然不会长久。

二、大学生人际交往中的心理障碍及调适

（一）自卑心理

自卑心理是人际交往中比较突出的一种自我否定，具有自卑心理的大学生往往会因为某一方面的落后于人而认为自己一无是处，全盘否定自己。具有自卑心理的大学生总是设法掩饰自己主观上认为的缺点，非常担心他人知道。他们往往对自己的不足和别人对此的评价很敏感，常把别人无关紧要的言行看成是对自己的轻视。

心理故事

小强是一名从边远农村考入大学的男生，性格很孤僻，入校后常常独来独往，生活非常简朴，很少和同学说话，总觉得被人瞧不起。一年级学计算机课程时，他发现全班似乎只有他一个人没有任何基础，因为害怕同学嘲笑他，所以不敢告诉他人他根本不知道电脑怎么使用，甚至连开机都是仔细留意其他同学的操作才学会的。看到其他同学自如地在网上聊天、写作业、打游戏，他恨不得挖个地洞钻进去。上课时，他小心翼翼地坐在电脑旁边听老师讲课，但总觉得周围的同学似乎都在嘲笑他的笨拙。他不敢动手操作，只是低着头，默不作声。每次上计算机课，他都大汗淋漓，紧张且焦虑。一次课上，小王看到他没有按照老师的要求完成相关操作，就在他的计算机键盘上熟练地敲了几个键。小强突然感到莫名的羞辱，愤怒地关掉了电脑。从此，小强更加孤僻了，不敢抬头看人，害怕与人说话，他非常痛苦，甚至想到了退学。

自卑心理的调适方法如下。

1. 正确认识自己，看到自己的长处

俗话说，“尺有所短，寸有所长”“金无足赤，人无完人”。每个人都有自己的长处与短处，我们不能只看到自己的短处，也要看到自己的长处，培养自信。对于导致自卑的因素要积极地进行弥补，扬长避短，以勤补拙。

2. 正确地暗示自己，避免使用否定自己的语言

自卑本身就是消极的自我暗示，做事之前就对自己说“我不行”“我没什么用”“我不会干”，结果可想而知。这种消极的暗示会导致不必要的精神紧张和精神负担，使自己的内心充满失败感。

因此，我们要勇敢地暗示自己“我能行”“别人能做的事，我也能做”“有志者事竟成”“事在人为”“坚持就是胜利”等，这样就能增加自己战胜困难与挫折的力量，逐渐消除自卑心理。

3. 正确地表现自己，积极与人交往

认识到自己的长处，就要大胆地表现。要相信自己的能力与价值，如一次发言、一次竞赛、一次属于你的机会，自己要积极自信地去做、去尝试，因为只有行动才是成功的唯一途径。要注意循序渐进，先去做自己最拿手、最容易取得成功的事情。一次成功之后，你会惊讶地发现你也能行，这时自信心就会随之增强，然后再去尝试做稍难一点的事，以积累更多的成功。

要有意识地在与周围人的交往中学习别人的长处，发挥自己的优点，多从群体活动中培养自己的能力，这样可避免因孤陋寡闻而产生的畏缩躲闪的自卑感。

4. 调整理想自我，改变不合理的观念

一方面，要降低自我期望的水平，努力使理想自我的内容符合自我所能做出努力的程度，不过分追求完美，或对自己提出过高的要求。一个人不能没有理想，但理想的建立一定要从自身实际出发。理想标准的确立应当以自己通过努力能够实现为原则，只有这样，个体才会在实践中不断取得成功，增强自信心。另一方面，要改变思维方式中某些不合理的观念。

（二）嫉妒心理

嫉妒是一种消极的心理品质，是对他人的成就、名望、品德、优越地位等的一种不友好、敌视与憎恨的情感。嫉妒心理强的人把强于自己的人看作对自己的威胁，或自己前进路上的绊脚石，因而对其感到不悦，甚至产生怨恨、愤怒的烦躁情绪。有这种心理的大学生在交往中会表现出强烈的排他性，并会导致诸如中伤、怨恨、诋毁等嫉妒行为的发生。而更强烈的嫉妒心理还具有报复性，嫉妒心强的人会把嫉妒对象作为发泄的目标，给其带来巨大的精神损伤。

心理故事

小芸与楠楠是某高职院校大二的学生，同在一个宿舍生活。入学不久，两人成为形影不离的好朋友。小芸活泼开朗，楠楠性格内向，沉默寡言，楠楠逐渐觉得自己像一只丑小

鸭，而小芸却像一位美丽的公主。楠楠的心里很不是滋味，她认为小芸处处都比自己强，占尽了风头。因此，楠楠时常以冷眼对小芸。大三时，小芸参加了学院组织的技能大赛，并获得了一等奖。楠楠得知这一消息后，先是痛不欲生，随后怒火中烧，趁小芸不在宿舍，将小芸的参赛作品撕成碎片，并扔在了小芸的床上。小芸知道后很痛苦，不知道怎样对待楠楠，更想不通自己为什么要遭受这样的对待。

嫉妒心理的调适方法如下。

1. 发挥自我优势

“金无足赤，人无完人”，每个人都有自己的优势。要全方位地认识自己，既看到自己的长处，又正视自己与他人的差距，扬长避短，发现并开拓自身的潜能，不断提高自己，力求改善现状，开创新的局面。

2. 培养豁达的人生态度

人生就是一个大舞台，我们要有勇气承认他人比自己更高明、更优越的地方，以豁达的心态看待别人的成功。

3. 密切交往，加深理解

许多嫉妒心理都源于误解。嫉妒者误认为对方的优势会对自己造成损害，从而耿耿于怀。因此，要多打开心扉主动接近别人，加强沟通，避免发生误会，即使发生误会也要及时、妥善地解决。

（三）自傲心理

自傲的人只关心个人的需要，强调自己的感受，在人际交往中表现为目中无人、自视过高、很少关心他人，总认为自己比他人强很多。在适当的范围内，自傲可以激发大学生的斗志，帮助他们树立必胜的信心，坚定战胜困难的信念，使他们能勇往直前。但是，自傲又必须建立在客观现实的基础上，脱离实际的自负不但不能帮助他们，反而会影响生活、学习和人际交往，严重的还会影响心理健康。

心理故事

小蓝是一名大二的学生，也是一名学生干部，学习成绩优秀，但人际关系较为紧张。他不仅与寝室同学相处不好，与班上其他许多同学也无法正常交往。在同学们的心目中，他是一个清高、傲慢的人，实在不好接近。小蓝对此也很头疼，因为只要是他主持的活动项目，同学们似乎都有意不参加，好像故意和他作对。小蓝长期坚持的做人准则是：我行我素，万事不求人。他几乎不接受别人的帮助，也认为自己没有帮助别人的义务。他成绩优异，可每当班上同学向他请教时，他要么说不知道，要么在给别人讲解完之后将别人奚落一顿，有时还要加上一句“拜托你上课时认真听讲，下次不要再来问我这么简单的问题”。时间一长，同学们都不愿意与他交往了，他的人际关系越来越差。小蓝对自己的人际关系状况十分不满意，感到孤独、没有归属感，有时这种孤独感令他窒息。他感到焦虑甚至恐惧，但不知如何入手改善现状。因为他自己也疑惑：我究竟有什么问题？

自傲心理的调适方法如下。

首先，接受批评是根治自傲的最佳办法。通过接受别人的批评，可以改变过去固执己见、刚愎自用的形象。

其次，与人平等相处，提高自我认识。要全面地认识自我，既要看到自己的优点和长处，又要看到自己的缺点和不足，不可“一叶障目，不见泰山”。

最后，要以发展的眼光看待自我。既要看到自己的过去，又要看到自己的现在和将来，过去的成功只存在于过去，它并不代表现在成功，也不预示着将来一定能成功。因此，我们应保持谦虚的心态，不因过去的成功而抬高自己、轻视他人，并努力实现更大的成就。

（四）羞怯心理

个体具有一定害羞心理是正常的，只要不影响正常的人际交往就不能视为障碍。儿童心理学的知识表明，婴儿通常在出生六七个月后就会出现认生现象，这种认生现象便是害羞的最初表现形式，它表示婴儿的认知水平有了新的发展，能够区分生人与熟人。但是如果一个人在任何场合与人交往都很害羞，甚至不敢或不愿与人交往，就会发展成为交往心理障碍。针对大学生的一项统计结果表明，97%的学生认为公开演讲是世界上最可怕的事情之一。站在陌生人面前，他们总感到有一种无形的压力，似乎自己正在被人审视，不敢直视对方的目光，感到极难为情。与人交谈时，面红耳赤、直冒虚汗、心里发慌。即使他们硬着头皮与人说上几句话，也是前言不搭后语，结结巴巴。这类人不善于结交朋友，经常感到孤独，常因不能与他人融洽相处或不能充分发挥自己的才干而烦恼；不善于在各种不同场合对事物坦率地发表个人意见或评论，因此不能有效地与他人交换意见，给人一种拘谨、呆板的感觉。

心理故事

张某是某所高校大二的一名学生，她性格内向，不善言谈，不会表达内心的感受。她的父母还有弟弟都比较健谈，而且弟弟性格开朗、活泼好动。张某在家里也不常开口说话表达自己的想法，更别说在陌生人面前。她一见到陌生人就会远远地避开，生怕自己在陌生人面前说错话，弟弟有时甚至会取笑她。张某在大一时同寝室还有几个同学与她交往，但是现在几乎没有一个人愿意主动与她交往。无论是在班级还是在寝室，大家都不会留意她是否在场。张某至今还没能认全同班同学。看到其他同学有说有笑，张某内心感到非常的痛苦、孤独，不知道自己的人生究竟有什么意义。

羞怯心理的调适方法如下。

1. 正确评价自己，建立自信心，勇于和他人交往

积极肯定自己，发现自己的闪光点，而不是只看到自己的短处，培养自信，相信自己的能力。勇敢地与他人交流和沟通，真诚地表达自己的想法和情感，使他人感受到我们的诚意和信任。

2. 学会交往

学会交往也是帮助个体摆脱羞怯心理的有效方法。个体可以在与他人的交往中观察他人是怎样交往的，特别是要观察这两类人：一是观察交往成功者，看看他们为什么总是处

于交往的中心，为什么能将各种复杂交往方法运用得得心应手；二是观察那些克服了害羞心理的人，并向他们学习。在日常学习和生活中，应多考虑我要怎样做；在各种社交场合中，应顺其自然地表现自己，不要担忧他人是否注意到你。与人交往，特别是与陌生人交往时，要善于放松紧张情绪。

3. 学会克制自己的忧虑情绪

凡事尽可能往好的方面想，多看积极的一面。平时注意培养自己的良好情绪和情感，相信大多数人都是以信任和诚恳的态度来对待自己的。

（五）猜疑心理

生活中，我们常会碰到一些猜疑心很重的人，他们整天疑心重重、无中生有，认为人人都不可信、不可交。喜欢猜疑的人特别注意留心外界和他人对自己的态度，对他人脱口而出的一句话很可能琢磨半天，努力发现其中的“潜台词”。这样的心态使他们不能轻松自然地与人交往。久而久之，这种猜疑便会影响到他们的人际关系。

心理故事

钱某，女，19岁，某工学院二年级的学生：她觉得周围的人都讨厌自己，不喜欢和自己交往，想孤立自己。入学已经一年半，但她总是处不好和周围同学的关系，特别是与宿舍同学的关系。“我总是觉得她们5个人合伙要孤立我。有一次，她们几个在宿舍，我在外面听到她们谈得很热闹，但我一进门，她们马上就停止了，她们肯定在议论我。还有，她们不管做什么都不叫我。仅仅是宿舍的人还好，但不知从什么时候开始，我们班的同学好像也都不喜欢我、讨厌我了。有的人见到我就掉头走开，就像躲瘟疫一样。她们为什么都跟我作对?”

钱某的父母都是老实本分的农民，性格比较懦弱。钱某小时候常常受到邻居的欺辱，而且面对这种情况不敢据理力争，只能忍气吞声。她上高一时，一位舍友丢了钱，由于她表达能力弱，每当紧张的时候就更难以开口，舍友就说：“你没拿那你紧张什么？心里肯定有鬼。”从此，她就变得异常敏感，不断提醒自己千万不能动别人的东西。于是每天都小心翼翼，尽量减少跟别人的接触，免得惹上是非。因此，在和别人交往时，她总是不能真心投入，怀有戒备之心，让别人觉得她好像拒人于千里之外。

猜疑心理的调适方法如下。

1. 用理智力量克制冲动情绪

当发现自己开始怀疑别人时，应当立即寻找产生怀疑的原因，在没有形成惯性思维之前，进行冷静思考和反思。

2. 培养自信心

每个人都应当看到自己的长处，努力培养自信心，相信自己能够处理好人际关系，并给他人留下良好的印象。这样，当我们充满信心地进行工作和生活时，就不会随便怀疑别人是否会挑剔或为难自己。

3. 学会自我安慰

一个人在生活中遭受到他人的非议和流言，或者与他人产生误会，都是常见的事情。

如果你感到别人怀疑自己，应当安慰自己，不必为他人的闲言碎语而耗费心力，不要在意他人的议论。

4. 及时沟通，解除疑惑

在这个世界上，没有人能完全避免误会，关键是我们要具备消除误会的能力与办法。如果误会不能尽快解除，就会发展为猜疑；猜疑不能及时解除，就可能导致不幸。因此，如果可能的话，最好同你“怀疑”的对象开诚布公地谈一谈，以便弄清真相，解除误会。

第六节　建立良好人际关系的基本方法

人际交往既是人类活动的基本形式，也是当代大学生获得成长的重要方式。然而，置身于纷繁复杂的人际关系网中，许多大学生感到迷茫不解、无所适从，甚至感到苦恼。如果这些问题得不到及时解决，就会对大学生的生活、学习乃至身心健康产生严重影响。

一、人际交往的原则

大学生要想获得和谐的人际关系，能够在一个温暖、友善的集体中生活和健康成长，就需要了解并遵循与人际交往的基本原则。

（一）平等原则

平等是人际交往中最基本的原则。不论是来自城市还是农村，也不论家庭出身如何，大学生都无尊卑贵贱之别，他们在人际交往中应该是平等的。无论何时何地、年级高低，大学生都要自觉做到平等待人，绝不能自视特殊，居高临下，傲视他人；否则就会脱离集体，成为孤家寡人，造成心理上的孤独感。调查表明，那些优越感很强，喜欢炫耀个人特长或家庭背景的大学生，大多人缘较差，即使能力很强，也无法得到他人的认可，因为不坚持交往平等原则的人，不会被他人欢迎和接纳。

（二）尊重原则

每个人都有自己的人格尊严，并期望在各种场合得到他人的尊重。而只有尊重别人，才能获得别人的尊重。因此，大学生必须学会尊重别人，包括尊重别人的人格、权利和劳动成果。

（三）真诚原则

突破自我封锁，敞开心扉，坦诚而真实地展现自我是增进友谊的重要方式。此外，也要与他人互相扶持，彼此温暖。以诚待人，讲求信义，是人际交往得以延续和深化的保证。在交往中，只有彼此抱着诚心和善意，才能相互理解、接纳和信任，从而在感情上引起共鸣，使人际关系得到巩固和发展。

（四）宽容原则

宽容表现为对非原则问题不斤斤计较，能够宽以待人，求同存异，以德报怨。与人相处时，宽容、忍让有助于扩大交往空间，消除人与人间的紧张和矛盾，使人际关系更加融洽。

（五）谦虚原则

谦虚是一种美德，也是大学生在人际交往中赢得他人好感的关键。含蓄、谦虚的交往可以使人更加轻松自如。谦虚可以让周围的人喜欢你，为你赢得更多的人脉；谦虚可以让你看到自己的不足，从而不断前进。而骄傲自大、满足现状、故步自封、轻率武断的人，轻者会失去别人的信任和肯定，重者会使学业和事业毁于一旦。

（六）交往适度原则

交往适度绝不是设置心灵上的屏障或防线，它因人、因场合而异。人与人之间亲密程度不同，交往的“度”也不同。首先，交往的时间要适度。大学生的主要任务是学习，要防止因过于强调交往的重要性而投入太多的时间和精力。其次，交往的距离要适度。朋友之间保持一定的距离是很有必要的，不同亲密程度的朋友可以有不同的交往距离。最后，交往的频度要适度。有些大学生与他人关系融洽时便形影不离，一朝不和便互相攻击，老死不相往来，这对双方的心理健康和人际关系发展都不利。因此，人际交往应该疏密有度。

（七）互惠互利原则

人际交往是一种双向行为。人际关系实际上是人与人心理上的关系，反映了个人或群体寻求其社会需要的满足的心理状态。因此，“来而不往，非礼也”，交往双方都要注重付出和奉献。

二、人际交往的策略

人人都希望拥有良好的人际关系，拥有更多的朋友。人际交往是人与人之间的心理互动过程。只要我们注意观察、体验，调整自己的认知结构，形成积极的、正确的人际交往观念，掌握一定的人际交往技巧和规律，就能够提高我们的交往素质。掌握以下几项人际交往的策略，你的人际交往就能迈向良性循环之路。

（一）学会微笑

在人际交往与心理沟通中，有一个最简单但却很有效的沟通技巧——微笑。微笑是一种极具感染力的交际语言，不但能较快地缩短你和他人的距离，还能传情达意。当然，微笑看似简单，但也讲究一定的技巧。

首先，在人际交往与沟通中，要笑得自然。微笑需要发自内心才能笑得自然，笑得亲切，笑得美好、得体。切记不能为笑而笑，也不要装笑。

其次，与人交往时，要笑得真诚。人对笑容的辨别力非常强，一个笑容代表什么意义、是否真诚，人的直觉都能敏锐地判断出来。因此，当你微笑时，一定要真诚。真诚的微笑能让对方的内心产生温暖，引起对方的共鸣，加深双方的友情。

（二）学会倾听

学会倾听就学会了沟通的一半，善于沟通的人，往往都是善于倾听的人。用心聆听，真诚交往，可以增进沟通。很多大学生认为自己人际关系不好是因为自己口才较差，不善言谈。但如果细心观察，你会发现往往是善于倾听的人更容易交到好朋友。因此，要建立和维护良好的人际关系，在学会表达之前，更要学会倾听。

要成为好的听众，首先需要全神贯注地听对方讲话，把自己的想法先搁置一边，不带主观情绪，用心听完对方的完整表达；其次要听到对方的心声，不仅要关注对方描述的事情本身，还要注意对方表露的情绪和态度；最后还要学会用眼神、肢体动作或鼓励性言语及时给予回应，让对方知道你在听，并且理解了他们的表达。

（三）学会沟通

沟通是人际关系中最重要的一种形式，它是人与人之间传递情感、态度、事实、信念和想法的重要手段。

1. 非言语沟通

非言语沟通是指通过眼神、姿态、表情、动作等进行沟通。心理学研究发现，人的肢体语言传递的信息达70%以上。交谈中的坐姿、手势、握手的方式、面部表情等都包含着丰富的信息。因此，我们在沟通时需要具备相应的敏锐性，才能保持良好的沟通。

（1）站姿是个人仪态的核心。站姿的基本要求是：头正、颈直、肩平、挺胸、收腹、提臀。要注意避免弯腰驼背、身躯歪斜、手位不当、脚位不当等不正确的站姿。

（2）坐姿是人最常用的姿势之一。标准的坐姿通常包括八种：一是双腿垂直式；二是垂直开膝式：三是双腿叠放式；四是双腿斜放式；五是前伸后屈式；六是双腿叠放式；七是双腿交叉式；八是双脚内收式。

（3）走姿以站姿为基础，是站姿的延续。正确的走姿是方向明确、目光平视、步幅适度、步速均匀、重心放稳、身体协调。走路时要切忌摇头、晃肩、扭臀、八字脚、两脚拖地。身体扭动幅度越大，越显轻浮。

（4）表情神态能显示出人的情感和心态，主要包括眼神和表情等。懂礼仪的人会注意控制自己的目光和表情，使其在不同交往对象面前表达不同的含义。

2. 言语沟通

“良言一句三冬暖，恶语伤人六月寒。”这句话告诉我们交往时要注意运用语言的艺术。语言艺术运用得好，就能优化人际交往，相反就会在无意间出口伤人或产生矛盾。

（1）称呼得体。在交往过程中，我们要根据对方的年龄、身份、职业等具体情况及交往的场合、双方关系的亲疏远近来决定对对方的称呼。对长辈的称呼要尊敬，对同辈的称呼要亲切、友好，对关系密切的人可直呼其名，对不熟悉的要使用全称。

（2）语言表达要清楚、准确、生动、有感染力、逻辑性强，语速恰当，说话分场合、对象，注意分寸，适度地称赞对方，让他人很乐意与你多交往。尽可能避免争论，对有分歧的问题可通过讨论、协商的途径加以解决。

（四）学会道歉

道歉是为了摆脱困境请求他人宽恕，或者为了改变他人对自己的负面印象而做出的语言上的声明。有时，人们是真心反省并请求对方的原谅；但有时，人们也会为了平复对方的情绪，缓和人际紧张而道歉。大多数情况下，道歉都是一种真诚、坦荡的表现。如果明知自己错了却不承认，会让对方或他人降低对自己的评价，甚至引起对方的反感。但是，也不能在遇到冲突时轻易道歉，寄希望于通过道歉息事宁人，那样换来的也只是表面上的平静。

（五）学会表达

在人际交往中体验到的负面情绪既会削弱我们的交往动机，也会降低人际交往的效率。与他人相处时，如果感受到焦虑、愤怒、害羞等消极情绪，我们就会想从交往情境中抽身而出，避免受到这些情绪的困扰；同时，焦虑导致烦躁，愤怒导致攻击，在这些情绪的影响下，我们更有可能做出损害人际关系的行为，让一段比较好的人际关系陷入麻烦之中。应对消极情绪，一个比较有效的方法就是尝试用适当的方式表达自己的情绪。例如，当我们感到焦虑和生气时，我们可以先让自己平静下来，然后坦诚地告诉对方“我现在感觉很焦虑”“我现在觉得很生气”。使用这样的表达方式，一方面能为情绪找到出口，缓解自己的不良情绪；另一方面可以让对方更理解你，从而减少矛盾。

（六）学会赞美

从心理学的角度讲，渴望被人赏识和认可是人最基本的天性，是人普遍的、突出的心理特征。赞美即对别人的长处进行充分的肯定，能够满足人们对于被尊重和赏识、获得在他人心目中重要地位的心理需要，同时也能够给人们精神上的激励和鼓舞。而且赞美他人本身就是一种自信的表现，而且赞美他人时，我们往往也能够得到赞美的回应。

赞美要注意方法，要细心地观察他人的长处，并且要诚恳热情、真实自然地赞扬对方的优点，激发对方的兴趣。赞美他人要公开、诚挚，不要虚情假意。任何人都喜欢得到赞美，但是只喜欢合乎事实的赞美，不真实的赞美会引起反感，让人感到不舒服。

（七）学会感恩和回报

社会心理学家霍曼斯提出，人与人之间的交往本质上是一个社会交换过程。但是这种交换与市场上买卖关系中发生的交换不完全一样。生活中常常可以发现，互相帮助的人与人之间交往总是比较密切，关系也总是比较亲密、持久的。但是，人际交往中“回报”的内容是多方面的：有物质的，也有精神的；有直接的，也有间接的。应注意的是，人际交往中的回报并不存在一般等价物，在很多时候也不是同步、等量的。在给别人提供帮助时，不要以别人相应的回报为条件；同时，对别人的帮助应懂得感恩并适时予以回报。

（八）学会适度自我暴露

适度自我暴露要求我们消除戒备，适度敞开心扉。部分大学生虽然很想和他人建立良好的人际关系，但是由于对交往存在错误的认知，认为“先同别人打招呼显得自己低人一等”“如果我先同他人打招呼，他不理我的话我会很丢脸”，还有的学生认为“害人之心不可有，防人之心不可无”，把人与人之间的关系视为尔虞我诈，害怕在交往中遭到他人的算计。因此，他们在交往中处处小心谨慎，缺乏主动、热情。事实上，要想与他人建立友谊，自己首先要主动向对方发出友善的信息，要接纳对方，喜爱对方，正所谓“爱人者，人恒爱之；敬人者，人恒敬之”。尽管在大学生中确实存在个别只想占便宜而不愿意付出的人，但是大多数大学生的交往动机是纯正的，交往行为也符合道德要求。大学生不要因为害怕自己在交往中遭到个别人的算计而把自己的内心封闭起来。

另外，自我暴露是指让对方了解自己的一些秘密，这是增进与他人关系的一个小技巧，但一定要注意适度。向关系一般的人吐露自己的秘密，可能面临一定程度的风险。因此，我们需要把握好自我暴露的“度”，避免造成自己的被动。另外，随意向他人倾诉自己的隐私，反倒不易收获真正的朋友。

（九）学会拒绝

在日常生活中，我们不可能也没必要对他人做到有求必应，一味地逢迎、妥协、逆来顺受，并不会得到他人的尊重，反而会让他人看轻自己。如果拒绝得有理有节、有技巧，不但不会得罪对方，反而会让对方更加尊重你。在说“不”之前，一定要认真倾听对方的诉求，如果实在帮不到对方，要说出自己的难处。拒绝的重点在于，使对方在你的拒绝中一样能感受到你的真诚、善意和可信赖。

以下是一些拒绝的技巧：（1）补偿式拒绝，即提出另一建议，以示诚意，如同学约你去逛街，你没有空，就可以说：“今天我也很想去，但是我走不开，明天我有空，若是你明天约我，我一定去。”（2）先肯定后拒绝，以示情非得已。（3）爱护性拒绝，即站在对方的立场上谈理由，如拒绝代做作业。

（十）学会批评的艺术

与人交往，批评和被批评都是难免的。批评他人时要注意以下几点：

（1）不要忘记“良药苦口”，要先表扬后批评。

（2）批评别人之前先做自我检讨，以消除对立情绪。

（3）批评时要点到为止，给对方留有台阶。

（十一）学会客观地评价他人

在人际交往中，人们常常会受到一些无意识的偏见的影响，大学生在人际交往中要克服这些偏见。首先，应该做到多了解、多留心、多分析，不能仅凭第一印象就给交往对象下结论；其次，应当提醒自己不要以点带面、以偏概全，尽量避免感情用事，尽可能全面地评价他人；再次，谨记个体之间的差异远远大于群体或类别间的差异，交往时不仅要注意对方的群体特征，更要充分认识对方作为个体的独特性；最后，还要提醒自己尽量避免使用自己的标准评判他人。

心理测试

大学生人际关系的自我测评

根据自己的实际情况，认真考虑下列问题，从所给备选答案中选出最符合你的一项。

1. 每到一个新的场合，我对那里原来不认识的人总是：（　　）。

A. 能很快记住他们的姓名，并成为朋友

B. 尽管也想记住他们的姓名并成为朋友，但很难做到

C. 喜欢一个人消磨时光，不太想结交朋友，因此不注意他们的姓名

2. 我打算与他人交朋友的动机是：（　　）。

A. 朋友能使我感到生活愉快

B. 朋友们喜欢我

C. 朋友能帮助我解决问题

3. 我和朋友交往持续的时间一般是：（　　）。

A. 很久，常有来往

B. 有长有短

C. 根据情况不断变化，不断弃旧更新

4. 我对曾在精神上、物质上帮助过我的朋友总是：(　　)。

A. 感激在心，永世不忘，并时常向朋友提起此事

B. 认为朋友之间互相帮助是应该的，不必客气

C. 时过境迁，抛在脑后

5. 我在生活中遇到困难或发生不幸时：(　　)。

A. 了解我情况的朋友几乎都曾安慰、帮助我

B. 只有那些很知己的朋友来安慰、帮助我

C. 几乎没有朋友登门

6. 我和那些气质、性格、生活方式不同的人相处时总是：(　　)。

A. 适应比较慢

B. 几乎很难或不能适应

C. 能很快适应

7. 对于那些异性朋友或同学，我：(　　)。

A. 只是在非常必要的情况下才去接近他们

B. 几乎和他们没有什么交往

C. 能接近他们并正常交往

8. 我对朋友、同学的劝告、批评总是：(　　)。

A. 能接受一部分

B. 难以接受

C. 很乐意接受

9. 对待朋友的生活、工作诸多方面，我喜欢：(　　)。

A. 只赞扬他的优点

B. 只批评他的缺点

C. 因为是朋友，所以既要赞扬他的优点，也要指出他的不足和缺点

10. 在我情绪不好、工作很忙时，朋友请求我帮助他，我：(　　)。

A. 找个借口推辞

B. 表现不耐烦，断然拒绝

C. 表示有兴趣，尽力而为

11. 我在穿针引线编织自己的人际关系网时，只希望编入：(　　)。

A. 上司、有权势者

B. 诚实、心地善良者

C. 社会地位与自己相同或低于自己的人

12. 当我的生活、工作遇到困难时，我：(　　)。

A. 向来不求助于人，即使无能为力也是如此

B. 很少求助于人，确实无能为力时，才请朋友帮助

C. 事无巨细，喜欢向朋友求助

13. 我结交朋友的途径通常是：（　　）。

A. 通过朋友们介绍

B. 在各种场合中接触

C. 经过较长时间的相处和了解后结交

14. 如果你的朋友做了一件使你不愉快的事情，你会：（　　）。

A. 以牙还牙

B. 宽容，原谅

C. 敬而远之

15. 你对朋友们的隐私总是：（　　）。

A. 很感兴趣，喜欢与人谈论

B. 理解，尊重

C. 漠视，不予理会

计分标准：

题号	A	B	C
1	1	3	5
2	1	3	5
3	1	3	5
4	1	3	5
5	1	3	5
6	3	5	1
7	3	5	1
8	3	5	1
9	3	5	1
10	3	5	1
11	5	1	3
12	5	1	3
13	5	1	3
14	5	1	3
15	5	1	3

分数解释：

得分在 15～29 分：人际交往能力强。

得分在 30～57 分：人际交往能力一般。

得分在 58～75 分：人际交往能力较差。

心理活动训练

“倾听”训练

1. 活动目的

(1) 学习人际沟通的基本态度（技巧）——倾听。

(2) 认识“倾听”与“回馈”在人际沟通中所产生的效果。

(3) 思考在人际沟通中应注意的问题。

2. 活动程序

找一个练习伙伴，与他进行角色扮演。首先，让你的伙伴讲一个故事，你分别用五种倾听方式（忽视地听、假装地听、有选择地听、全神贯注地听、有同情心地听）来倾听，然后回忆自己究竟分别听到了什么内容，并且询问同伴的感受。其次，与同伴互换角色，由你来讲一个故事，让同伴也使用五种倾听方法进行倾听，分析并记录自己的感受。

3. 练习效果检查

以下是一些顾客的动作或话语，你能听出顾客的潜台词吗?

(1) 顾客故意发出一些声响，如咳嗽、清嗓子、把单据搓得沙沙作响。

潜台词是：______

(2) 顾客问：“有别的型号吗?”

潜台词是：______

4. 活动总结

“倾听”的要领是耐心、关心。在人际沟通中，人们并不只是把自己的意见、想法表达出来，更重要的是要用心倾听对方所传达的信息，这样才能真正达到沟通的目的。认真倾听既是一种基本的沟通态度，也是一种可习得的技巧。

自省与成长

1. 结合自己的个人经验，谈谈你是怎样一步步地建立人际关系的。
2. 结合人际关系的类型，谈谈你的人际关系涉及哪几类。
3. 从现实生活中找出人际交往的心理效应案例，并与同学们分享。
4. 大学生人际交往有哪些策略？谈谈你通常会使用哪些策略及其效果。

大学生挫折心理与调适

学习目标

1. 了解挫折的含义及特点。
2. 掌握大学生挫折的主要类型。
3. 厘清大学生挫折产生的主要原因。
4. 掌握大学生的心理防御机制与挫折心理调适方法。

案例导入

百折不挠的张桂梅

“烂漫的山花中，我们发现你。自然击你以风雪，你报之以歌唱；命运置你于危崖，你馈人间以芬芳。不惧碾作尘，无意苦争春，以怒放的生命，向世界表达倔强。”这是2020年感动中国人物张桂梅的颁奖词。

张桂梅扎根云南贫困山区教育40余年，目睹山区女孩因贫困失学早婚的悲剧，决心创办全国第一所免费女子高中，阻断贫困代际传递。以下是她的艰难之路：

筹款困难：2002年起，张桂梅带着办学构想奔走筹款，5年间仅筹到1万元，被质疑“疯子”“作秀”。她每天5点起床步行10千米家访，用工资补贴学生生活费，甚至乞讨筹款。

建校困难：2008年华坪女高成立时，仅有1栋教学楼，学生睡在课桌上，教师因待遇低集体辞职。她抵押住房贷款发工资，拖着病体每天陪学生晨读到深夜，写下“我生来就是高山而非溪流”的校训激励学生。

育人困难：学生因家庭贫困、早婚压力屡屡退学，甚至有家长扛着锄头逼女儿嫁人。她带着学生挨家挨户劝学，曾跪在雪地里哀求家长：“求你们让孩子读完高中!”

健康危机：长期过度劳累导致她患上骨瘤、肺纤维化等多种疾病，每天需服用20多种药。她上课时痛得直不起腰就撑着讲台，称“只要还有一口气，就要站在讲台上”。

升学压力：2011年首届毕业生高考本科上线率仅4.25%，外界质疑学校的办学模式，她改革教学方法，带领教师编写乡土教材，2022 年全校本科上线率 100%，2 000 多名学生考入大学。

张桂梅创立的华坪女高已让几千名贫困女孩圆梦大学，其中不乏考上浙江大学、厦门大学等名校。张桂梅的教育模式被写入《中国减贫密码》，带动云南多地兴办女子高中。张桂梅的精神让国人动容，2021 年她荣获“七一勋章”，被誉为“点亮乡村女孩人生梦想的引路人”。

第一节　挫折概述

一、挫折的含义

“挫折”一词原本指兵家在战争中遭受的失利，《辞海》中将其解释为失利与挫败。从心理学的角度来看，挫折是一种特定的情绪状态，它发生在人们进行有目的的活动的过程中，是当人们遇到难以克服或自认为无法克服的障碍和干扰，导致需要或动机无法得到满足时所产生的一种紧张、消极的情绪反应和行为表现。这种情绪状态包含三个要素：挫折情境、挫折认知和挫折反应。

（一）挫折情境

挫折情境指的是导致个体需求无法得到满足的内外障碍或干扰等情境因素，也称为挫折源。这些情境因素可能包括考试不及格、比赛未取得理想名次、受到讽刺或打击等。现实生活中的挫折情境分为两种：一种是个体实际经历的挫折情境，如一名应届毕业生被招聘单位拒绝；另一种则是基于个体主观想象的挫折情境，如一名应届毕业生在求职前总是想象自己因能力差而被拒绝。

（二）挫折认知

挫折认知是指人对挫折情境的感知、理解与评价，属于人的主观范畴。例如，同样被客户取消订单，一名销售员认为这是因为自己能力不足，根本不适合从事销售工作；另一名销售员则认为这是市场环境变化导致的，短暂失望后，开始主动分析客户需求的变化。

（三）挫折反应

挫折反应是指个体在挫折认知的基础上，因需求无法满足而产生的情绪和行为反应，如愤怒、困惑、焦虑、逃避或攻击等。

在这三个要素中，挫折认知是核心，它决定着挫折反应的性质和程度。只有当个体感知到挫折情境时，才会产生挫折。换言之，即便挫折情境客观存在，只要未被个体察觉，人们也不会感受到挫折。因此，挫折本质上是个体的一种主观心理体验。个体是否感受到挫折，以及对挫折反应的强烈程度，主要取决于他们对挫折情境的知觉，以及对自我动机、目标与结果之间关系的理解和评价。

二、挫折的特点

（一）挫折兼具客观性与主观性

挫折是我们人生旅途中无法避免的一部分，很多挫折情境是客观存在的。但每个人对挫折的感受及其对个人行为的影响却是各不相同的。例如，学生在阅读过程中，会遇到各种挑战与障碍，如很难理解复杂文本、阅读速度难以提升，这些都是潜在的挫折情境。但不同学生由于主观认知的差异，对这些潜在挫折情境会产生截然不同的情绪和行为反应。

（二）挫折具有双面性

挫折既可能给学生带来沉重的心理负担，引发焦虑与挫败感，也可能成为他们成长道路上的宝贵财富。挫折如同一块石头，对于勤奋好学的人而言，它是攀登知识高峰的垫脚石；而对于缺乏毅力或自信的人而言，挫折可能成为难以逾越的障碍。因此，大学生在面对挫折时，应学会从中汲取力量，将挑战转化为自我提升的机会，既要正视挫折带来的困扰与痛苦，更要看到它背后隐藏的积极面——培养坚韧意志、总结经验教训、提升解决问题的能力。每一次挫折都是向着更高境界迈出的坚实步伐。

（三）挫折是可以转化的

挫折的消极性和积极性是相对的，且在一定条件下可以相互转化。挫折的转化是指当人们遭遇挫折时，能够以积极的态度将挫折转化为前进的动力，凭借顽强的毅力继续奋斗，或者重新调整目标，从而使原本受挫的需要或动机在新的层面上得到满足的心理与实践过程。这一过程的核心在于减少或消除挫折中的消极因素，积极寻找并发挥挫折中的积极成分，促使挫折产生的负面影响向积极方向转变。

三、个体对挫折的反应

当学生面临挫折时，他们的情绪与行为往往会经历一系列的调整，以维持内心的平衡。由于每个学生的挫折承受能力各不相同，因此他们的反应也各具特色，比如：有的陷入极度的沮丧，有的变得异常激动，有的做出幼稚的行为，有的过于冲动，有的变得固执且冷漠；更极端的情况下，还有人出现心理异常，或产生自杀的念头。通常，我们可以将这些受挫后的行为划分为积极应对与消极逃避两大类。

积极应对挫折的行为表现为学生在遭遇挫折后，虽然会经历紧张与情绪波动，但他们能够正视现实，迅速调整心态，保持冷静，并以积极进取的态度在理智的引导下做出合理的反应。常见的积极应对方式包括适当释放情绪、将挫折转化为成长的动力（升华）、通过其他领域的成功来弥补（补偿），以及用幽默来化解困境等。

而消极逃避挫折的行为则表现为学生在遭受挫折后，出现带有强烈情绪色彩的非理性举动。这类行为通常包括固执己见、拒绝改变，攻击他人或自己（包括直接攻击他人、自我伤害和转向攻击他人），逃避现实、拒绝面对，行为退化到更年幼的水平，产生逆反心理，或者表现出与内心真实想法相反的行为等。

知识拓展

历史上，无数名人用他们的实际行动诠释了如何正确面对挫折。比如，托马斯·爱迪生在发明电灯的过程中就遭遇了上千次的失败，但他从未放弃，反而将这些失败视为向成功迈进的宝贵经验。他说："我没有失败，我只是发现了一万种行不通的方法。"爱迪生的故事告诉我们，挫折是通往成功的必经之路，关键在于我们如何从中学习和成长。

再如，海伦·凯勒，一位在幼年时期就因病失去视力和听力的女性，面对如此巨大的挫折，她没有选择沉沦，而是以惊人的毅力学会了读书写字，最终成为一位杰出的作家和社会活动家。海伦·凯勒的故事激励了无数人，她让我们明白，即使面对看似无法克服的障碍，只要有坚定的信念和不懈的努力，也能创造属于自己的辉煌。

这些名人的经历都证明了挫折并非终点，而是成长的催化剂。他们教会我们，在面对挫折时，应保持积极的心态，勇于面对挑战，从失败中吸取教训，将挫折转化为前进的动力。正如巴尔扎克所言："苦难对于天才是一块垫脚石，对于能干的人是一笔财富，对于弱者是一个万丈深渊。"让我们以名人为榜样，学会在挫折中成长，不断前行。

第二节　大学生挫折的主要类型及原因

挫折作为我们日常生活中不可避免的一部分，是我们成长道路上一种不可或缺的心理体验。作为大学生，我们正处于一个快速变化、竞争激烈的时代，需要独自应对学习压力、生活琐事以及复杂的人际交往等众多挑战。在这个阶段，认识到挫折并非洪水猛兽，而是成长中的必经之路至关重要。我们只有学会积极地分析问题，寻找解决方案，并深入理解挫折背后的原因，才能更加有效地克服挫折，取得成功。

一、大学生挫折的主要类型

（一）环境适应挫折

当我们满怀憧憬地踏入大学校园时，心中描绘着那幅理想的大学画卷：美丽的校园、温馨的集体、充实的学习、多彩的课外活动，以及充满意义的社会实践。然而，现实往往与理想存在差距。面对全新的环境和集体，以及独立生活的种种挑战，许多新生感到迷茫、失落和焦虑。身体上的疾病、想家、生活环境的变化、生活习惯的改变、日常开支的压力、学习环境的改变、自理生活的挑战、集体生活的适应等，都是我们可能遇到的压力源，给我们带来挫折和挑战。

（二）生活挫折

生活挫折，广义上指在社会生活中遇到的所有挫折；狭义上则主要指生活上的困难和不适应。失去朋友、家庭重大变故、经济困难等因素，都可能给大学生带来沉重的打击。比如，部分大一新生因为初次离开父母独立生活，生活自理能力差，不愿意向同学请教，导致宿舍关系紧张；课余时间都用来与家人视频聊天，学习上缺乏动力，不愿意参加集体活动，常常感到孤单和无助。这种生活上的不适应会让我们感到沮丧和无助。

（三）学习挫折

学习挫折是指在学习和智力活动中遇到的困难对人的心理产生的影响。大学生需要面对专业化程度较高的学习，进行复杂的智力活动，获得高深的知识结构。大学的学习与中学时期有很大的不同，需要我们具备自觉性、自主性、批判性、开放性及创造性等特点。面对专业化程度较高的学习和复杂的智力活动，我们可能会感到困惑和焦虑。比如，有的同学可能找不到有效的学习方法，听不懂上课内容，甚至厌倦学习。还有的同学可能因为所学专业并非理想目标而感到失落和迷茫。

（四）交往挫折

交往挫折主要表现为交往不顺和人际冲突。想结交朋友却不知如何开始，或因性格内向、孤僻而无法沟通；或因自卑、胆小而不敢交往；或在交往中过分挑剔别人而陷入孤芳自赏。此外，脾气不好、性格不良或缺乏同情心和责任心等因素，都可能导致人际冲突，使人际关系紧张。

（五）恋爱挫折

恋爱挫折主要表现为失恋、单恋和多角恋。失恋是青年期最严重的挫折之一，常常使失恋者陷入紧张和消极的心理状态。大学生正处于对爱情充满期待的年龄阶段，然而，爱情的道路上并非总是一帆风顺。

（六）择业挫折

择业挫折是指在就业过程中遇到的各种困难和阻力。随着大学毕业生人数的逐年增加和人才市场竞争的日趋激烈，许多大学生在就业过程中遭遇挫折。自主择业虽然给予大学生更多的自由，但也增加了择业的难度和心理压力。有的同学因为学习成绩差或缺乏面试技巧而错失就业机会；有的同学多次面试失败，导致产生害怕就业甚至拒绝就业的情绪。这些挫折和压力让大学生感到迷茫和不安。

二、挫折产生的主要原因

挫折源于多方面且复杂的因素，其形成与自然环境、社会环境、个人条件及动机冲突等紧密相关。大学生正处于人生发展的关键阶段，他们精力旺盛，思想活跃，自我意识强烈，发展需求广泛，且目标高远。然而，他们的人格发展尚未完全成熟，社会阅历尚浅，挫折经验相对匮乏，加之大学校园内竞争激烈，因此，大学生遭遇挫折是必然的，也是普遍的，甚至其遭遇挫折的频率相较于普通人可能更高。总体而言，造成挫折的因素可分为客观与主观两大方面，其中客观因素主要涉及自然、社会和家庭等，而主观因素则主要源于个人。

（一）客观因素

1. 自然因素

人类在自然界中生存发展，难免遭遇无法预料和控制的天灾人祸、时空限制及意外事件。如地震、洪水等自然灾害，以及自然因素导致的衰老、疾病、死亡和事故等，均属人们难以避免和克服的客观因素。

2. 社会因素

社会因素是指人们在社会生活中所受的人为限制，涵盖政治、经济、民族习惯、宗教信仰、社会风尚、道德、法律、文化教育等多方面的约束。如怀才不遇、职场不认可；风俗习惯、地域差异导致的交流障碍；社会或网络舆论对个人言行的批判；等等。

3. 家庭因素

家庭的组成结构、人际关系、教育方式、抚养方式及家长素养等，均直接或间接影响学生的心理状态。研究表明，大学生的部分心理问题与不良的家庭生活背景、早期不良经历有关。如娇生惯养、在溺爱中长大的孩子进入大学后，易产生心理挫折；性格内向、孤僻者也易受到挫折。此外，家庭经济状况亦潜在影响大学生的心理。贫困大学生除需面对个人发展与就业的压力外，还需承受生活与经济压力。经济困境不仅影响学业发展，还易导致心理冲突和挫折感。

（二）主观因素

1. 生理因素

个人的身高、容貌等与生俱来的生理条件所造成的限制会使人产生挫折感。由于它通常无法改变，因此给人带来的挫折感往往更为显著。例如，有的学生因为身高问题而苦恼、自卑，有的学生因对自己的外貌不自信而无法在社交场合中潇洒自如、谈笑风生，展示自己的才能，甚至影响正常的交友，这些都可能给大学生带来挫折感。

2. 心理因素

个体的需求、动机、气质、性格等心理因素可能导致活动的失败或目标无法实现，进而产生挫折。具体来说，心理因素主要包括以下几个方面：

（1）人格不够健全。一个思想成熟、性格开朗坚强、行为规范、社会适应能力强的人，通常在做事时成功率较高，动机实施也比较顺利。反之，如果一个人不善于表达自我，缺乏交往技能，依赖性过强，情绪控制能力较差，对挫折情境存在认识上的偏差等，就会比其他人更容易遭受失败和打击。而人格的健全与否也决定了大学生在遭遇挫折之后的反应。

（2）经验不足，能力欠缺。能力是指完成一项目标或者任务所体现出来的素质，是顺利完成某一活动所必需的主观条件。大学生缺乏能力或对自己能力估计过高，就会导致无法完成某项活动，遭受失败的结局。

（3）认知方式不正确。认知是我们对周围事物的想法和观点，即人的认识活动。每个人对客观世界的认识与自己的知识经验、个性特征、需要结构及心理成熟度有关。因此，面对相同的挫折情境，每个人的反应会截然不同。一般来说，心理成熟和思想境界高的大学生，因对挫折持有正确的认识，因此少生甚至不生挫折感，反之则会遭受严重的挫折感。

（4）个体抱负水平过高。一个人的自我估计、期望水平恰当与否，往往是造成心理挫折的重要因素。抱负水平高的学生若为自己制定一个无法企及的人生目标，那么必然要遭受挫折。

（5）需要得不到满足。在诸多社会因素的影响下，大学生的需求呈现出多样性、强烈性和超现实性的特点。无论是物质需求还是精神需求，有些都非常不切实际，在现实生活中很难实现，这可能导致大学生产生挫败感。

3. 动机因素

动机冲突也是引起大学生挫折的重要原因。动机总是与人的需要紧密相关，当人们存在某种需要，而此需要与外部刺激相结合时，动机便产生了。人的动机是多样、复杂的，当两个以上的动机相互排斥，或同时存在而难以取舍时，就会形成动机冲突的心理现象。丰富多彩的大学生活为大学生的全面发展提供了有利条件的同时，也给他们带来了选择的冲突，如在专业定向、社会交往、恋爱、择业等方面的取舍问题，导致大学生产生难以抉择的矛盾心理。如果这种心理矛盾持续太久、太激烈，或者一个动机得到满足而其他动机受阻，大学生就会产生挫折感。

一般而言，大学生的动机冲突主要有四种形式：

（1）双趋冲突，又称正正冲突。它是指个体在有目的的活动中同时有两个具有同样吸引力的动机，而这两个动机因条件所限无法同时实现，从而产生的难以取舍的冲突情境，即“鱼和熊掌不可兼得”。双趋冲突是大学生中最常见的心理冲突。例如，大学生在先继续深造还是就业之间往往举棋不定，难以取舍。

（2）双避冲突，又称负负冲突。它是指同时有两件可能对个体具有威胁性、不利的事情发生，两种都想躲避，但受条件限制，只能避开一种，接受另一种，在做抉择时内心产生的矛盾和痛苦。例如，在大学中，有的同学既不想用功读书，又担心考试不及格，于是出现在“用功读书”和“不用功读书”考试不及格中必选其一的心理冲突。

（3）趋避冲突，又称正负冲突。它是指个体对同一目标同时具有趋近和逃避的心态。这一目标可以满足人的某些需求，但同时又会构成某些威胁，既有吸引力又有排斥力，使人陷入进退两难的心理困境。例如考试时，有些学生因平时没有认真学习和复习，担心考试不及格，于是就产生了作弊的想法，但又怕被监考老师发现，受到校纪处分；有些学生想参加演讲比赛，但又怕失败有损自尊心；等等。

（4）双重趋避冲突，又称双重正负冲突。它是指同时有两个目标，存在着两种选择，但两个目标各有所长、各有所短，使人左顾右盼，难以抉择。例如，择业时有两个单位可供选择，而每个单位又利弊相当，个体就有可能陷入举棋不定的冲突中。

知识拓展

大学生在求学与成长的道路上，常常会遇到多种挫折。除了常见的环境适应、生活、学习、交往、恋爱和择业挫折外，还有一种常被忽视但同样重要的挫折——自我认知挫折。这源于大学生对自我身份、能力和价值观的疑惑与不确定。自我认知挫折可能源于与他人比较产生的自卑感，如看到同学取得显著成就时产生的挫败感；也可能源于自我期望与现实能力的差距，如设定的目标过高而难以实现，导致自我否定。此外，对自我价值观的迷茫和不确定，会让大学生在人生选择上感到困惑和焦虑。

这些挫折的根源往往与个人的成长经历、家庭背景、性格特点和社会环境紧密相关。例如，家庭教育的缺失或不当可能导致大学生缺乏自信，难以应对挫折；社会竞争的日益激烈和就业压力的增加，可能让大学生在自我认知上产生困扰。

第三节　大学生的心理防御机制与挫折调适

大学生正处在人生的关键时期，需要面对众多挫折和矛盾冲突，承担生活中的各种压力。对他们而言，挫折既是磨难也是财富，学会面对挫折是人生的一门必修课。当我们遇到挫折时，身体和心情都会受到很大的影响。身体上可能会有血压升高、心跳加速等不适感；内心可能会觉得消极、紧张、焦虑、愤怒。这些反应可能会让我们感到很难受，甚至影响到我们的正常生活。在行为上，我们可能会变得消极，或者做出一些攻击性的举动。

事实上，能承受住挫折，以及在遇到挫折后能恢复，是我们每个人都需要具备的一种能力，即“挫折承受能力”。简单来说，就是当我们遇到打击和压力时，能扛得住，能想办法摆脱困境，不让自己的心理和行为失常。世界卫生组织曾提出过三条精神健康的标准，其中一条是能够经受住生活的挫折，并且能及时调整自己的情绪，不仅适应环境，还能努力改变环境。因此，培养挫折承受能力对我们的精神健康非常重要。

挫折承受能力不是天生的，我们可以通过学习和锻炼来提升自己，让自己在面对挫折时更加坚强和从容。

一、大学生的心理防御机制

心理防御机制是指挫折发生后，个体通过内部心理活动有意或无意地摆脱挫折造成的心理压力，减少精神痛苦，维持正常情绪，平衡心理的种种自我保护方式。从心理防御机制的作用和具体表现来看，它可以分为积极的心理防御机制、消极的心理防御机制和中性的心理防御机制。心理健康的人能使用积极的心理防御机制，而心理不健康的人总是依赖于心理防御机制，其结果是适应能力日趋削弱，不利于身心发展。在面临挫折时，心理防御机制是在无意识中发挥作用的。以下是大学生常见的心理防御机制。

（一）积极的心理防御机制

积极的心理防御机制有助于适应挫折，使人表现出自信、进取的倾向，能正面并积极地面对挫折，克服困难。

1. 替代

替代也称补偿性机制，是指个体由于生理上的缺陷或心理上的不适应或个体条件不够致使目标无法实现而产生挫折感时，试图以种种方法来弥补这些缺陷，以减轻挫折感和心理不适感，实现心理平衡。例如扬长避短，利用长处来掩饰或弥补短处，所取得的成就就是一种补偿。当原先的目标受挫时，不妨通过其他途径达成目标，或改变原有目标，用其他目标代替。大学生在实现既定目标的过程中，因受主客观条件的限制而无法达成目标时，可以设法以新的目标代替原来的目标，以现在的成功体验弥补原有失败的痛苦，以找回失去的自尊和成就感。例如，有的同学参加演讲比赛时发挥不佳，没有取得名次，便转而努力锻炼，参加运动会，经过一番努力拼搏而取得了较好的名次。

2. 幽默

幽默是较高级的心理调适方法之一，当人们遇到挫折时，常用幽默来化解困境，维持自己的心理平衡，并不以个人的不适或不快而影响他人情感的公开显露。如一名大学生连续两次都没有通过英语四级考试，他跟同学打趣说，没有通过考试意味着又多了一次机会学习英语，以后说不定还能成为英语老师。通过这种幽默，本来受挫的情境被化解为一次学习的动力。当大学生遭遇挫折、身处逆境、面临尴尬局面时，可以运用比喻、夸张、寓意、双关语、谐音等手段，以机智、婉转、风趣的方式来表达自己的意图或意见，从而化解困境、摆脱尴尬的状态。

3. 升华

这是一种最积极的富有建设性的防御机制，指个体将被压抑的本能欲望导向为人们所接受、为社会所赞许的活动上，即把痛苦转化为一种具有建设性的动力，将低层次的需要和行为上升到高层次的需要和行为，把情感和精力投入有利于社会和他人的活动之中，在重大挫折面前重塑自己的人生价值。如李清照将对爱人的思念化作一首首美妙绝伦、流传至今的诗词。大学生将那些因受种种因素制约而无法实现的目标，或不能为社会所接受的目标加以改变，用另外一种更高尚的、富有建设性和社会价值的目标取而代之，可以减轻挫折带来的精神痛苦。例如，把失去朋友的痛苦转化为发奋学习的动力或者写作的能量等。

4. 宣泄

宣泄是指受挫后采用道德、法律许可的方式发泄心中的不满、愤怒等各种极端情绪，从而避免直接人际冲突和心理郁积的一种方式。常见的宣泄方式包括在空旷空间大喊大叫、运动、唱歌、倾诉等。大学生遇到挫折很容易产生强烈的情绪反应，宣泄是一种很好的应对挫折的方式。

（二）消极的心理防御机制

消极的心理防御机制只能起到暂时平衡心理的作用，使人表现出退缩、冷漠、逃避的倾向，并不能解决问题，甚至还会埋下心理变态的种子。

1. 固着或固执

当个体一再遭受同样的挫折后，就会慢慢失去信心，形成刻板化的反应方式，固执盲目地重复同样无效的行为。固执行为不同于意志力，在这种行为反应中，个体往往不能客观正确地分析失败的原因，反而采用刻板的方式盲目地重复某些无效行为，这是一种极不明智的对抗方式。例如，某大学生考试舞弊被处分，却固执地认为考试舞弊是一件很正常的事情，错在监考老师不该管得那么严。固执行为往往容易发生在一些性格内向、脾气倔强、看问题片面的学生中。固执是一种非理性的消极行为，它往往使人企图通过重复无效的行为对抗挫折压力，对大学生的成长非常不利。

2. 攻击

当一个人受到挫折时，内心会产生愤怒与不满，进而出现强烈的侵犯和对抗的情绪反应，从而表现出种种敌意行为，如动手打人、破口大骂等。攻击可分为直接攻击和转向攻击两种。

（1）直接攻击是指一个人受到挫折后，愤怒的情绪直接指向或发泄到对其构成挫折的人或物上，多以动作、表情、言语、文字等形式表现出来。一般而言，对自己的容貌、才能、权利及其他方面自信的人，比较容易将愤怒的情绪向外发泄，采取直接攻击的行为。

（2）转向攻击，即把挫折引起的愤怒和不满情绪转而发泄到与自我或挫折源不相关的其他人或事情上，以减轻自己遭受挫折后的心理不平衡。转向攻击行为造成的后果同样是严重的，如某学生受到老师批评后，回宿舍砸桌子、摔凳子进行泄愤。又如某学生考试不及格，回家对父母发脾气等。转向攻击行为大多数发生在克制力较弱、自信心较差的大学生身上。

3. 逃避

逃避也称习得性无助，是指个人在面对挫折情境时，经多次尝试也无法避免失败，使得个体在挫折面前完全失去努力的意志，而逃避到比较安全的环境中的行为。具体表现为：

（1）逃避到自认为比较安全或幻想的世界中。幻想在一定时期、一定程度上可以使人暂时脱离现实，缓解挫折感。虽然暂时的精神解脱有助于提高自己对将来的希望，但是幻想毕竟是不真实的，它无助于解决现实的问题。因此，大学生应实事求是地面对现实，应对挫折。如某大学生平时学习不好，考试失败后，幻想将来克服困难后取得好成绩、找到好工作，这种幻想可能会在一定程度上激励他努力学习，但如果不转化为实际行动，只是一味沉醉在幻想中，就会降低对现实生活的适应能力。

（2）利用生理疾病进行逃避。健康的大学生应该能够很好地适应社会，努力学习、奋发图强。但如果是一个病人，社会对他的要求可能会暂时降低或取消，对他的过失也不会严格追究，相反他还会得到他人的同情。因此，有的人在面对挫折和失败时，迫切希望自己生病，甚至有人真的会病倒。这一类疾病在心理学上被称为机能性障碍。比如，眼睛是健康的，却看不到东西；四肢是正常的，却处于瘫痪状态。这些人在无意识状态中将心理方面的困难转换成身体方面的症状，借以逃脱他人及自己的责备，维护自己的尊严。

4. 退化

退化也称倒退行为，是指当个体遭受挫折后，往往表现出与自己年龄、身份很不相称的幼稚行为，或以幼稚而简单的方式来应付挫折情境。比如某学生竞选学生会职位失败后，突然之间"退化"，变得像小孩子一样。他忍不住大哭大闹，不吃饭、不去上课，整天躲在被窝里睡觉，用这些非常简单，甚至有些幼稚的方法来应对竞选失败的困扰。

当我们发现身边的同学有这样的"倒退行为"时，要知道这可能是因为心理脆弱，他们需要更多的支持和鼓励。我们可以试着提醒他们，鼓励他们勇敢面对困难，找回那份属于自己的信心和力量。

5. 潜抑

这是一种最基本的防御机制，是指个体把意识所不能接受的观念、欲望、冲动、情感或行为在不知不觉中抑制到潜意识中，使自己意识不到，主动遗忘，从而保持内心的安宁。如对痛苦体验或创伤性事件的选择性遗忘就是潜抑的表现。这种防御机制应适度，否则对身心危害极大。如有的大学生在日常生活中并不善于或不愿意外露自己的情绪状态，总是压抑自己的情绪，久而久之，感觉到心胸发闷并疼痛，严重时还可能形成神经症性心理问题。

6. 反向

反向是指个体表现出与自己的欲望、动机、观念等截然相反的态度与行为，以减少焦虑，保持心理平衡，如自卑的人表现出高傲自大的姿态；对异性充满好感却表现出不屑一

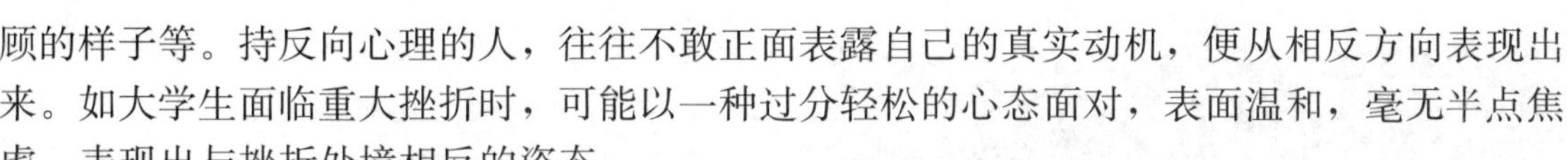

顾的样子等。持反向心理的人，往往不敢正面表露自己的真实动机，便从相反方向表现出来。如大学生面临重大挫折时，可能以一种过分轻松的心态面对，表面温和，毫无半点焦虑，表现出与挫折处境相反的姿态。

（三）中性的心理防御机制

中性的心理防御机制可以使大学生在受挫后暂时缓解压力和减轻痛苦，但这种效用是暂时的，不适合长期使用。大学生常见的中性心理防御机制主要表现为自我安慰。它是指个体以个人需要为理由来解释自己不能改变的事实，或为自己做辩解。当无法达到追求的目标时，个体可能会给自己找一个好的借口，但用来解释的借口往往是不真实的、不合逻辑的，其目的是以正当的理由去掩饰自己的真实动机或愿望，从而使防卫者本人借此说服自己，感到心安理得。常见的中性的心理防御机制如下。

1. 酸葡萄

它是指当自己希望达到的目标没有实现时，通过否认该目标的价值和意义来消除自己的痛苦，即“吃不到的葡萄总是酸的”。这是通过贬低自己得不到的东西的价值来减少内心的痛苦。

2. 甜柠檬

它是指因未达到预定的目的而抬高已实现的目标的价值和意义，即“酸涩的柠檬也是甜的”。有的大学生通过强调已实现的目标有价值的一面来减少自己的失望和无奈。如一位大学生通过了英语 A 级考试，但在三次英语四级考试中都没有通过，于是他强调 A 级考试与四级考试的英语难度和水平是相当的，通过 A 级考试代表自己的英语能力很不错。

3. 合理化

合理化从个体心理需要出发，选择其中一些既合乎内心需要，表面上又符合社会规范，甚至是冠冕堂皇的道理以避免心理的不安。合理化心理防御机制，能在一定程度上帮助人们接受不如意的现实，减少直接攻击行为的产生，但如果运用过度，就会妨碍人们积极进取和客观现实的态度。

心理故事

18 只狐狸吃葡萄的故事

不同的心态往往会导致不同的结局。一个古老的寓言故事，衍生出了一个奇妙的现代心理故事。

在一位农夫的果园里，紫红色的葡萄挂满了枝头，令人垂涎欲滴。当然，这种美味逃不过在附近安营扎寨的狐狸们，它们早就想享受了。

第一只狐狸来到了葡萄架下，它发现葡萄架要远远高出它的身高。它站在下面想了想，不愿意就此放弃，机会难得啊！想了一会儿，它发现了葡萄架旁边的梯子，想起农夫曾经用

过这个梯子。因此，它学着农夫的样子爬了上去，顺利地摘到了葡萄。

第二只狐狸来到了葡萄架下，它也发现以它的个头这一辈子是无法吃到这些葡萄的。因此，它心想，这些葡萄肯定是酸的，吃到了也很难受，还不如不吃。于是，它心情愉快地离开了。

第三只狐狸来到了葡萄架下，看着高高的葡萄架，它并没有气馁，心想：我可以向上跳，只要我努力，我就一定能够得到。"有志者，事竟成"的信念支撑着它，可是事与愿违，它跳得越来越低，最后累死在葡萄架下，献身做了肥料。

第四只狐狸来到了葡萄架下，当看到葡萄架比自己高，愿望落空时，它便破口大骂，撕咬自己能够得到的藤。但这一幕正巧被农夫发现，一铁锹把它拍死了。

第五只狐狸来到了葡萄架下，它看到自己在葡萄架下显得如此渺小，便伤心地哭了起来。它伤心自己为什么如此矮小，如果像大象那样，不是想吃什么就能吃到什么吗？它伤心葡萄架为什么这么高，自己辛辛苦苦等了一年，本以为能吃到，却没想到是这种结果。

第六只狐狸来到了葡萄架下，它抬头望着葡萄架，心想，既然我吃不到葡萄，其他狐狸肯定也吃不到，如果是这样，我也没有什么遗憾的了，反正大家都一样。

第七只狐狸来到了葡萄架下，它站在高高的葡萄架下，心情非常不好。它心想：为什么我吃不到呢，我的命运怎么这么悲惨啊，想吃葡萄的愿望都满足不了，我的运气怎么这么差啊。它越想越郁闷，最后郁郁而终。

第八只狐狸来到了葡萄架下，它尝试着跳起来去够葡萄，但它没有成功。它试图让自己不再想葡萄，可是它无法抵抗。它还试了一些其他的办法，也没有见效。它听说有其他的狐狸吃到了葡萄，心情更加不好，最后，它一头撞死在葡萄架下。

第九只狐狸来到了葡萄架下，同样是够不到葡萄。它心想，听其他的狐狸说，柠檬的味道似乎和葡萄差不多，既然我吃不到葡萄，何不尝一尝柠檬呢，总不能在一棵树上吊死吧！因此，它心满意足地离开去寻找柠檬了。

第十只狐狸来到了葡萄架下，它看到自己与高高的葡萄架之间的差距，认识到以现在的水平和能力想吃到葡萄是不可能的。因此，它决定利用时间提升自己，报名参加了一个进修班，学习采摘葡萄的技术，最后如愿以偿。

第十一只狐狸来到了葡萄架下，它同样面临着相同的问题。它转了一下眼睛，把几个同伴骗了出来，然后趁它们不注意，用铁锹将它们拍昏，将同伴摞起来，踩着同伴的身体，如愿以偿地吃到了葡萄。

第十二只狐狸来到了葡萄架下，这是一只漂亮的狐狸小姐。它想："我一个弱女子无论如何也够不到葡萄，我何不利用他人的力量呢？"因此，它找了一个男朋友，这只狐狸先生借助梯子给狐狸小姐摘到了最好的葡萄。

第十三只狐狸来到了葡萄架下，它对葡萄架的高度非常不满，认为这导致它不能尝到甜美的葡萄。于是，它开始怪罪起葡萄藤，为什么要爬得那么高，葡萄的内心其实并没有表面看上去那么漂亮。发泄完后，它平静地离开了。

第十四只狐狸来到了葡萄架下，发现自己无法吃到自己向往已久的葡萄。当看到地上落下的已经腐烂的葡萄和其他狐狸吃剩下的葡萄皮，它轻蔑地看着这些，做呕吐状，嘴上说："真让人恶心，谁能吃这些东西啊！"

第十五只狐狸来到了葡萄架下，它既没有破口大骂，也没有坚持不懈地往上跳，而是发出了感叹：美好的事物有时候总是离我们那么远，有这样一段距离，让自己留有一点幻想，又有什么不好的呢？于是它诗兴大发，从此诞生了一本诗集。

第十六只狐狸来到了葡萄架下，它发现想吃葡萄的愿望不能实现后，不久便产生了胃痛、消化不良的情况。这只狐狸一直不明白，一向很注意饮食的它，消化系统为什么会出现问题。

第十七只狐狸来到了葡萄架下，也发现了同样的问题。它撇嘴说道："这有什么了不起的，我们狐狸中已有吃过的了。谁说只有猴子能吃到果子，狐狸一样能行！"

第十八只狐狸来到了葡萄架下，它心想，我自己吃不到葡萄，其他狐狸来了也吃不到葡萄，为什么我们不学习猴子捞月的合作精神呢？它们有猴子捞月，我们有狐狸摘葡萄，说不定也会成为千古佳话呢！于是，它动员所有想吃葡萄的狐狸合作，搭成狐狸梯，最后，大家都吃到了甜甜的葡萄。

请同学们思考：在面对困难和挫折时，你更倾向于采取哪只狐狸的策略？这种策略对你的心理健康和个人成长有何影响？

二、大学生挫折心理调适

挫折作为生活与学习旅程中不可或缺的组成部分，是每个人在成长之路上所必须经历的内容。唯有直面挑战，寻找到适合自身的心理调适策略，才能将挫折转化为人生旅途中的坚实基石。

（一）树立正确的挫折观，摒弃非理性观念

正视挫折的首要任务是构建正确的挫折认知框架，既要观察其潜在的负面影响，也要洞察其积极的推动作用。“人生不如意事十之八九”，尽管挫折令人不悦，但它却如影随形。正是那些历经挫折并从中汲取力量的人，才能彰显挫折的积极效应，正如古诗中所说：“宝剑锋从磨砺出，梅花香自苦寒来”。那些阅历深厚、目光长远的人，往往都是战胜无数挫折的勇士。在大学这一塑造个体个性与品质的黄金时期，面对难以避免的困境与挑战，我们应当勇于直面挫折，不屈不挠，将挫折视为进步的阶梯和成功的起点，牢牢把握自己的人生轨迹。

事实上，挫折本身并无绝对的好坏之分，它如同一块石头，本身并无情感色彩，但对不同的人却可能产生截然不同的影响。对于心理承受力较强的人，它可能成为攀登高峰的垫脚石，拓宽视野，助力前行；而对于心理承受力较弱的人，它则可能成为前行的绊脚石，阻碍步伐，使人陷入沮丧。因此，大学生在日常生活中应多接触积极、乐观的信息，树立正面的信念体系，以便在遭遇挫折时，能够以积极乐观的心态去应对。

（二）正确归因，确立合理的自我归因

作为学生，我们如何看待成功与失败，在很大程度上受到我们归因倾向的影响。有些人倾向于内归因，认为成绩的好坏、事情的成败主要取决于自己的能力和付出的努力。比如，考试不理想时，可能会觉得自己不够聪明或不够努力，这种看法虽然积极，但可能让我们过度自责。而另一些人则更倾向于外归因，把失败归咎于运气不佳、环境不好等外部因素。这样做虽然能暂时减轻心理负担，但也可能让我们忽视了个人的责任和努力的重要性。

面对挫折和失败，建立合理的归因模式非常重要。我们需要冷静地分析导致失败的各种因素，查看是哪些内部因素（如知识掌握不牢固、复习不够充分）或外部因素（如考试难度突然增加、身体不适）在起作用，或者是内外因素共同作用。

更重要的是，我们要学会从失败中吸取教训，找出自己的不足之处，并努力改进。切记，失败并不可怕，可怕的是在失败后选择逃避、抱怨或放弃。我们应该勇敢地面对失败，积极寻找解决问题的方法，这样才能在挫折中不断成长，变得更加坚强和成熟。

（三）寻找帮助，努力调控挫折情绪

个体遭受挫折后会产生情绪反应，如何将消极情绪宣泄出去，以维持生理和心理的平

衡及健康，形成对挫折的积极反应，是转败为胜的重要环节。面对挫折情绪，个体应积极调控，常用的方法如下。

1. 适时且合理地宣泄不良情绪

宣泄作为一种有效的心理调节方式，是指通过语言或行为，在短时间内将可能危害身心健康的情绪释放出去，从而达到调整精神状态、促进身心健康的目的。面对挫折，个体往往会承受巨大的身心压力，产生强烈的情绪反应，这些反应会进一步引发心理和生理上的变化。此时，通过宣泄来释放内心的压力，成为一种非常有效的应对策略。

宣泄的方式多种多样，包括语言宣泄和行为宣泄两大类。语言宣泄可以通过找人倾诉、唱歌、呼喊等方式来实现，这些方式有助于将个体内心的情感表达出来，减轻心理负担。行为宣泄则包括跑步、快走、拳击、书写、哭泣等，这些行为可以帮助个体释放身体内的紧张能量，达到放松身心的效果。

常言道："分享让快乐加倍，分担让痛苦减半。"因此，无论是快乐还是苦恼，与朋友分享都是一种很好的宣泄方式。倾诉不仅能够帮助个体释放内心的情感，还能使个体在朋友的陪伴和支持下获得心理上的安慰和力量。然而，需要注意的是，无论采用哪种宣泄方式，都要合理应用，避免对他人、社会或人际关系造成伤害。在宣泄情绪的过程中，我们应该保持理智和尊重，确保自己的行为不会损害他人的利益和感受。只有这样，我们才能在宣泄中达到真正的释放和平衡。

2. 主动寻求帮助

良好的人际关系可以满足个体的归属需要、情感需要、社会认可需要等，个体在遭遇挫折后，可以积极主动地寻求他人的支持和帮助，从外界获得信息、方法和策略。因此，构建良好的人际关系是增强大学生挫折承受能力的有效手段。如果个体在遭遇挫折后无法走出挫折带来的阴影，又不能获得朋友、家人的帮助，可以尝试进行心理咨询，在专业人员的指导下调适情绪和状态。

（四）积极行动，走自己的成功之路

面对挫折，若我们能持有正确的态度，便有可能转败为胜。然而，仅有正确的态度并不足以确保胜利，关键在于积极且有效地行动。

1. 积极创造条件，勇于面对挑战

当学习成绩不尽如人意时，许多优秀的大学生并不会沉溺于消极情绪中，而是勇敢地面对现实，深入分析原因，并采取积极的行动。他们会更加专注地听讲、复习，在学习中积极思考，运用有效的记忆方法，从而不断提升自己的学习成绩。这种积极创造条件、勇于面对挑战的行动，是走向成功的重要一步。

2. 毅力与科学方法并重

面对频繁出现的挫折，坚持不懈地努力是通往成功的必经之路。然而，仅有毅力是不够的，我们还需要找到解决问题的科学方法。这意味着我们需要经过多次尝试和多方试探，不断寻求并验证正确的方法。同时，我们要保持正确的方向感，避免陷入死胡同，勇于尝试新思想、新方法。因此，大学生在积极行动和解决问题时，既要具备坚持不懈的毅力，又要具备创新思维和科学方法。

3. 灵活转换思路，探索多元路径

在人生的道路上，我们难免会遇到挫折和困境。当某个方向的努力未能取得成功时，我们或许应该考虑换个思路、换个方向。有时，某个努力的方向可能并不适合我们，我们不妨换个新的思路去尝试，可能会收获意想不到的成果。因此，我们要根据自己的条件和兴趣，选择适合自己的努力方向和兴趣爱好，勇敢地走向自己的成功之路。

心理测试

你的抗挫折能力怎么样?

每个人在生活中都会不同程度地受到挫折，人们受挫后的恢复能力各不相同。有些人越挫越勇，有些人受挫后一蹶不振，而大多数人则介于两者之间。下列问题可以测验你应对挫折的能力。在回答这些问题时，请你用“同意”或“不同意”作答。同意的画“√”，不同意的画“×”。回答越坦诚，越能测验出你的抗挫折能力。

1. 胜利就是一切。(　　)
2. 我基本上是个幸运儿。(　　)
3. 我白天学习不顺利，会影响我整晚的心情。(　　)
4. 一个连续两年都名列最后的球队，应退出比赛。(　　)
5. 我喜欢雨天，因为雨后常是阳光普照。(　　)
6. 如果某人擅自动用我的东西，我会生气一段时间。(　　)
7. 汽车经过时溅了我一身泥水，我非常生气，不过一会儿便忘了。(　　)
8. 只要我继续努力，我就会得到应有的报偿。(　　)
9. 如果有感冒流行，我常常是第一个被传染的人。(　　)
10. 如果不是因几次霉运，我一定会比现在更有成就。(　　)
11. 失败并不可耻。(　　)
12. 我是有自信的人。(　　)
13. 名次靠后，常常让我提不起竞争的心。(　　)
14. 我喜欢冒险。(　　)
15. 假期过后，我需要放松一天才能恢复常态。(　　)
16. 遭遇到的每一次否定都使我更进一步接近肯定。(　　)
17. 我想我一定受不了被解雇的羞辱。(　　)
18. 如果向我所爱的人求婚被拒绝，我一定会精神崩溃。(　　)
19. 我总忘不掉过去的错误。(　　)
20. 我的生活中常有一些令人沮丧和气馁的日子。(　　)
21. 负债累累的光景让我感到绝望。(　　)
22. 我认为要建立新的人际关系相当容易。(　　)
23. 如果周末不愉快，星期一便很难集中精力学习。(　　)
24. 在我的生命中，我已经历过失败的教训。(　　)
25. 我对侮辱很在意。(　　)
26. 如果求职失败，我愿意再次尝试。(　　)

27. 遗失钥匙会让我整个星期都处于不安之中。(　　)
28. 我已经达到能够不介意大多数事情的地步。(　　)
29. 想到可能无法完成某项重要事情，我感到不寒而栗。(　　)
30. 我很少为昨天发生的事情烦心。(　　)
31. 我很少心灰意冷。(　　)
32. 必须有50%以上的把握，我才敢冒险把时间投资在某件事上。(　　)
33. 命运对我不公平。(　　)
34. 我对他人的仇恨维持得很久。(　　)
35. 聪明的人知道什么时候应该放弃。(　　)
36. 我能坦然接受偶尔做个失败者。(　　)
37. 新闻报道中的大灾难使我无法专心工作。(　　)
38. 任何一件事情遭到否决，我都会寻求重来的机会。(　　)

计分方法：

上述列入"不同意"的题目为：1，3，4，6，9，10，13，15，17，18，19，20，21，23，24，25，27，28，29，32，33，34，35，36，37，其余题目为"同意"。与上述答案相符计1分，相反计0分。

分数解释：

总分等于或低于10分者，属于易被逆境、失望或挫折所左右的人，他们容易把逆境看得太严重，一旦跌倒，就需要很久才能站起来。这类人不相信"胜利在望"，只承认"见风转舵"。

总分在11至25分之间者，遇到某些挫折或逆境时，往往需要一段时间才能振作起来。不过这类人却能找到很多的技巧和策略来获取个人的利益。

总分高于25分者，表明其应对挫折的弹性极佳。虽然不理想的境遇会对他们造成一定的伤害，但不会持久。这类人在情感上通常相当成熟，对生活也充满热爱，他们不承认有失败，纵然一时失败，仍坚信有"东山再起"的一天。

心理活动训练

直面挫折

心理暗示不仅能缓解情绪，还能激发内在动力，促进积极行动。当心里出现负面声音时，要尝试给自己"加糖"。这不仅能培养我们在面对挫折时的积极心态，还能提高我们的心理素质。不妨来试试吧。

心理暗示举例：

考前焦虑→"这不是期末考试，而是我的知识付费验收仪式！"

社交受挫→"恭喜触发'人际断舍离'支线任务！"

外貌焦虑→"又不是工业生产，我才不要做没有特色的NPC！"

我的挫折故事

挫折是成长过程中的普遍现象，回忆自己经历过的最大的、印象最深刻的一次挫折，并用表格记录下来。

什么时候?	
遇到什么挫折事件?	
当时是什么感受?	
后来是怎样解决的?	
对当时的处理方式满意吗?	
如果不满意，要怎么做才可以?	

正确面对挫折：

（1）当挫折来临时，应当保持冷静，从主观和客观两方面找到受挫的原因。

（2）向人倾诉你遭受挫折时的不快感，纾解内心压力，调整自我状态，以轻松的心态面对人生和未来。

（3）学会宽容自己、自我剖析、自我解救，能容忍挫折、心怀坦荡、情绪积极、奋发图强。

（4）放弃有时是更明智的选择。别强迫自己做不愿意做的事情、超出能力之外的事情，活在当下十分重要。

自省与成长

1. 简述挫折的含义及特点。
2. 挫折有哪些类型?
3. 大学生的心理防御机制有哪些? 你平时会用到哪些防御机制?
4. 大学生应该如何正确应对挫折?

第六章

大学生恋爱心理

学习目标

1. 了解爱情的含义，正确理解斯滕伯格的爱情三角形理论。
2. 掌握大学生恋爱的特征和常见困扰及调适方法。
3. 培养健康的爱情观、择偶观和性观念。

案例导入

有一对年轻夫妇，都是生物学家，他们很恩爱，经常一起深入原始森林进行考察。有一天，他们像往常一样钻进了森林，可当他们爬过那个熟悉的山坡时，顿时呆住了，一只老虎正对着他们。逃跑已是不可能的。此时，他们脸色苍白，一动不动。老虎也面对他们站着，僵持了几分钟时间，老虎朝他们走来，然后开始小跑，越跑越快。就在这时，男人突然喊了一声，自顾自地飞快跑开了。奇怪的是，已经快到女人面前的老虎也突然改变了方向，朝男人追了过去。随后就传来了惨叫声，而女人平安地逃了回来。

说到这里，也许有些同学认为男人是“活该”。但是你们知道那个男人喊的是什么吗？也许有人说，他喊的是“老婆，对不起啊！”或是“赶快逃，逃一个算一个”。事实上，男人对妻子喊的是：“照顾好孩子，好好活下去！”（在那种情况下，老虎绝对只会攻击逃跑的人，这是老虎的特性。）

爱，是把快乐留给你，自己独自咀嚼忧伤；爱，是把坦途指给你，自己欣然去跋涉前方的泥泞；爱，是把生的希望留给你，从容地迎接死神的挑战……

第一节　认识爱情

一、爱情的含义

爱情是人类永恒的话题。爱情是一种情感依赖，是人的一种基本心理需求，它是指恋爱双方基于共同的生活理想，在各自内心形成的相互倾慕，并渴望对方成为自己终身伴侣的一种强烈的、纯真的、专一的感情，这种感情是人与人之间最强烈的吸引形式。

二、斯滕伯格的爱情三角形理论

（一）爱情的三种基本成分

20 世纪 90 年代，美国耶鲁大学心理学教授斯滕伯格提出的爱情三角形理论对爱情进行了深刻的剖析。该理论认为人类的爱情包括三种基本成分，即亲密、激情和承诺。

亲密是以彼此的信任为基础的情感表现，包括亲近、依恋、理解、支持、分享、肯定和归属等特点。比如，与爱人共享美好时光，在需要得到帮助时能得到爱人的支持，与爱人分享自我与所有，与爱人亲密交流，等等。这些在爱情关系中都能够引起温暖的体验，属于爱情的情感成分。

激情是指情绪上的着迷，见到对方会有一种怦然心动的感觉，希望与对方形影不离、朝夕相处。这种激情体现为彼此之间“性”的吸引，与对方相处有兴奋、愉悦的体验。爱情中的激情成分如果是积极的，就能激励人们克服艰险，攻克难关；如果是消极的，则常常会抑制正常活动或引起冲动行为。

承诺是内化为个体心理需求的一种责任和约定，包括将自身投入一份情感的决定及维持这份情感的努力。它包括短期和长期两个部分。短期部分是指“决定”要不要去爱一个人；长期部分是指对两人之间亲密关系所做的持久性承诺，包括对爱情的忠诚、责任心等。承诺属于爱情的认知成分。

亲密是温暖的、感性的；激情是热烈的、动机性的；承诺是冷静的、认知性的。斯滕伯格用这三种成分完美诠释了爱情的含义（见图 6－1），同时也诠释了爱情的发生与发展。

图 6－1　爱情的三种基本成分

（二）爱情的类型

斯滕伯格根据爱情的三种基本成分进一步提出，在亲密、激情、承诺三种成分的不同结合方式下，存在七种不同的爱情关系组合。

（1）喜欢：只包括亲密成分，几乎没有激情和承诺成分。相处双方在交往中会感觉亲切、轻松，对彼此有很强的信赖感，一般表现为两性之间真诚的友谊。严格来说，此种关系还不能纳入爱情之中。

（2）迷恋：只存在激情成分，几乎没有亲密和承诺成分。双方之间有强烈的性的吸引力，但彼此缺乏了解和信任，常常始于生活中的一见钟情，这种刹那间绚烂如花的情绪是否能发展为稳定的情感，取决于之后双方能否产生亲密和承诺成分。

（3）空洞之爱：只有承诺的成分，几乎没有亲密和激情成分。在两性关系中，双方之间只存在所谓的责任和义务，是高度道德化或价值高度异化的两性伙伴关系。

（4）浪漫之爱：亲密与激情的结合，没有承诺。这被认为是一种最轻松、最享受、最唯美的爱情。但这种缺乏承诺的爱情注定无法长久。

（5）伴侣之爱：亲密和承诺的结合，缺乏激情。双方关系已经升华为亲情式的信任和依赖，仿佛携手走过漫漫人生的银发夫妇，虽不再拥有青春时的激情，但具有难以描述的深度情感，是不离不弃的黄金伴侣。

（6）虚幻之爱：激情加上承诺，但没有以信任为基础的亲密因素，仿佛大厦没有坚实的地基，是虚幻的空中楼阁，随时有倒塌的可能。

（7）完美之爱：亲密、热情和承诺三者的结合。真正完美的爱情应该以信任为基石，以性的吸引和欣赏为催化剂，以承诺为约束，既具有相对的稳定性，又充满热情和活力。

根据斯滕伯格的理论，爱情是人类心理的色彩世界，亲密、激情、承诺是爱情的三原色。爱情的色彩之所以如此丰富，差异如此之大，是因为不同个体所选择的原色的比例各有不同。每一个人都是自己爱情色彩的调配师，调出的色彩或淡雅或浓郁，千姿百态，只需要自己去评判和欣赏，当然也只有自己为自己负责。斯滕伯格的爱情三角形理论模型图如图 6－2 所示。

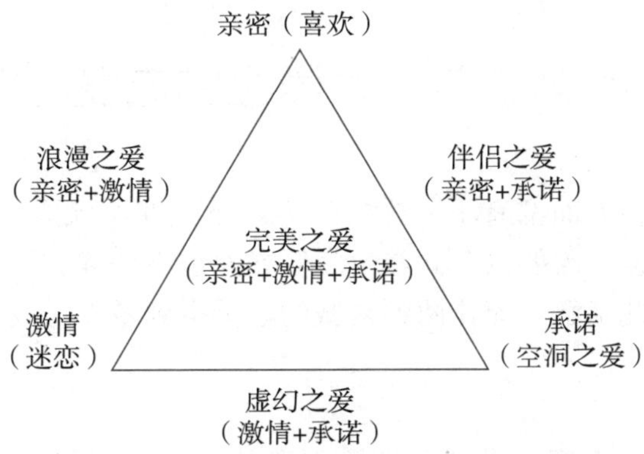

图 6－2　斯滕伯格的爱情三角形理论模型图

三、正确的爱情需要具备的心理品质

（一）共同的人生观

人类的爱情具有社会性，它是在双方的思想感情、理想信念、世界观、价值观、人生态度统一和谐的共鸣中产生和发展的，它是理性而崇高的。因此，共同的人生观是爱情发生发展的思想基础。

（二）和谐与互补

在适应对方性格特点的基础上，用自己的性格特点影响对方，实现相互影响、相互借鉴、相互批评，从而达到双方和谐相融的目的。

（三）忠贞的情感

忠贞是爱情心理结构的一个重要因素，也是爱情圆满的基础。爱情具有排他性，忠贞既是炽热专一的自我情感要求，也是人类的一种美德。

（四）理解和信任

理解和信任是爱情的基本前提，只有理解对方，对其有足够的信任，才能真正地爱对方。

（五）尊重与自尊

对自我进行恰当的评价，才能做到自尊；而对对方进行正确的评价，才能做到尊重。那种没有原则的“夫唱妇随”或“妻管严”的思想意识，有损于双方的交流。

（六）节制与旁涉

节制即使自己的感情和行为保持适度，避免做出不恰当的行为；旁涉即不要用爱情来代替生活的全部，而要用生活（主要指事业、学习、爱好）来充实爱情。

恋爱不应仅仅基于外表的吸引，更要注重对方的内在品质，如善良、诚实、有责任感和积极向上的人生态度等。同时，双方应该有共同的价值观和生活目标，能够相互理解、支持和包容，在彼此的成长道路上携手共进。此外，还要考虑双方的性格是否互补，能否建立良好的沟通和互动模式。

第二节　大学生的恋爱

女生和男生在生活各方面都有不一样的地方，不仅在交流方式上不同，而且在思考、感受、感知、应答、示爱、需要以及欣赏角度等方面也不一样。因此，对于跨入爱情之门的大学生来说，增进彼此了解，能让两颗真诚的心灵得到滋养与成长。

一、恋爱的含义

恋爱是指异性之间在生理、心理和环境因素的交互作用下互相倾慕和培植爱情的过程。恋爱是追求爱情的行为，它不是生来就有的。一个人对爱情的追求，只有当他的生理和心理发展到一定阶段时才会产生。

二、大学生恋爱的意义

（一）积极意义

（1）从心理发展的角度看，恋爱是大学生满足日益强烈的陪伴需要和释放性冲动的重要途径。只有合理满足生理和心理的需要，才有利于身心健康。大学生通过恋爱接触异性，可以满足情感上的需要，同时释放性的压抑与紧张，从而获得一定程度的身心愉悦感。

（2）从自我意识建立的角度看，恋爱可以促使大学生建立完整的自我意识。恋爱时，两个人的人格深层接触，对方会像一面镜子时刻映射着自己的形象，鞭策自己不断完善自我。同时，一方的自我意识也会受到对方的影响而不断发展，自我意识也将在此过程中不断完善。

（3）从人际交往能力发展的角度看，恋爱能显著提高大学生的人际交往能力。恋爱时，两人在深层交往中必然会遇到人际交往过程中所遇到的一般问题，这将为大学生日后适应更复杂的人际交往打下良好的基础。

（二）消极意义

（1）恋爱需要时间和精力。若大学生处理不好恋爱与学业的关系，则会影响、耽误学业，并增加自己的心理负担。

（2）恋爱具有排他性。若大学生处理不好恋爱与友谊的关系，就会带来人际关系的烦恼，影响个人的情绪和生活。

（3）恋爱会影响大学生的心理平衡。恋爱是人生成长经历中重要的事件之一，处在恋爱中的大学生会为一些小事而极度兴奋或极度烦恼，这都会带来心理紧张，而持续的心理紧张会对心理健康不利。

（4）恋爱的进一步发展还可能带来一些其他问题。例如，婚前性行为可能会造成一些大学生心理失调或心理负担过重；失恋会给一些大学生带来极大的痛苦，使其身心受到沉重的打击。

三、大学生恋爱的特征

大学生恋爱的动机不尽相同，必然会出现大学生群体恋爱特点的多样性与复杂性。以下是大学生恋爱的常见特征。

（一）普遍性突出

一方面，大学生的年龄多在 20 岁左右，此时他们的性生理发育已基本成熟，性意识促使他们渴望了解两性关系，因此容易产生恋爱心理；另一方面，大学时期的时间相对自由、灵活，大学生有更多的机会展示自己，也很容易被异性吸引，并建立恋爱关系。

（二）浪漫主义色彩浓厚

大学生恋爱时，对爱慕之情、人生看法谈得较多，很少讨论结婚、未来发展等具体问题。这种浪漫化的恋爱观掩盖了理想与现实之间的矛盾，因此，他们的恋爱缺乏现实基础。当遇到问题或挫折时，如毕业后不在同一个地方工作等，恋爱关系就容易破裂。这也是大学生恋爱成功率较低的重要原因之一。

（三）自主性较强

大学生对平等权利和平等价值观的要求特别突出，不受传统习俗限制，一般都是自己做主，自由选择恋爱对象和恋爱方式。在确定恋爱关系前以及确定恋爱关系后，他们一般都不征求双方父母的意见。由于异地求学、在学校住宿等客观原因，很多大学生在确定恋爱关系前后都不会告知家长。

（四）盲目性较大

大学生往往只注重恋爱过程，而轻视恋爱结果。有些大学生把在校期间谈恋爱作为一种获取生活经验的实践活动，或者作为一种消遣，甚至是满足对异性的好奇心的一种方式等。他们往往不理解爱究竟是什么、为什么爱，也不知道自己适合与什么样的人恋爱，很多时候只是把恋爱当作一种情感体验，以满足精神需求。

（五）恋爱的受挫力较弱

大学生个性不成熟、生活经验不足、考虑问题较为单纯，在追求爱情的过程中很容易遇到各种挫折。感情遭受挫折后经历一段心理阴暗期是正常的，绝大多数大学生会通过找朋友倾诉、心理疏导或理性思考来应对，对自己和对方采取宽容的态度，尊重对方的选择。但也会有部分大学生难以摆脱感情危机，有的会失去信心，放弃对爱情的追求；有的会一蹶不振，沉沦自弃；有的视对方如仇人，肆意诽谤，甚至做出极端行为伤害对方。

四、大学生恋爱的困扰及调适

（一）单恋

一个人单方面地喜欢另一个人，向对方表达自己的爱慕之情后被拒绝，但仍喜欢对方，这样的感情形式被称为单恋。在单恋中，只有一方投入感情，他们常常沉醉于自我幻想的情境中难以自拔，从而引起内心的痛苦和强烈的冲突。

对于单恋的调适：一是找出原因，接受现实。爱情是以双方互爱为前提的，它应是两颗心弹拨的和弦，绝不是单方面的独奏。爱情不能强求，一份感情如果不能发展为爱情，不如勇敢地接受它。二是分清爱情与喜欢。爱情与喜欢是两种性质不同的体验，如果个体不能有效地辨别，错把喜欢当作爱情，过早地射出“丘比特之箭”，会平添许多烦恼。三是及时改变生活目标，转移情感方向。个体最好把主要精力放在学习上，丰富自己的生活，等心理恢复平静后在更高的境界上考虑择偶。

（二）暗恋

暗恋是指一方对另一方心存爱意或好感，但没有表现出来。暗恋既是一种痛苦的体验，又是一件让人黯然欣喜的事情。

部分大学生碍于周围环境和心理压力，对自己内心深处的情感难以启齿，不敢向对方诉说，这种闭锁心理加深了他们的苦恼，使他们很容易产生心理障碍和心态失衡，给学习、生活和身心健康造成了很大的影响。例如，一个男生喜欢学校英语系的一个女生，但是她已经有男朋友了。由于他性格内向，且知道女生有男朋友，他就一直将这种情感压制在心里。但是每次看到那个女生，他都会欣喜若狂地和她聊天，而当看到她和男朋友在一起时，又感到伤心欲绝。他感到很痛苦，更是无心学习……

对于暗恋的调适：克服羞怯心理，拿出勇气直接或间接地向对方表白，勇敢地追求爱情和幸福。即使对方无意，表白过也能让自己不再有遗憾。其他方法可以参考单恋的调适。

（三）失恋

失恋对于大学生来说是人生中较为严重的心理挫折之一。许多大学生在失恋时出现失控和反常的心理，会感到极度的孤独感、绝望感和虚无感，一般表现为自卑、绝望、悲愤、消沉等不良心理。

对于失恋的调适：一是勇于面对现实。爱情不总是成功的、甜蜜的，也有失败和痛苦的时候。爱情也不是人生的全部，自己还有亲人、朋友，还有学业，现在失去的恋人只是人生中一个美丽的过客，要勇于面对未来，才能迎接新的生活，走出失恋的阴影。二是换位思考。要站在对方的角度思考结束恋爱关系的原因。例如，若对方想要全心投入学习，那么你需要考虑对方的家庭背景、个人志向等，进而理解对方做出的决定。三是进行适当的情感宣泄。失恋后可以向朋友或老师倾诉，将心里的痛苦说出来。四是转移情感。即转移注意力，积极参加活动，尽快摆脱失恋后的痛苦或空虚。

第三节　大学生的性心理健康

性是人类的本能，是人类种族得以繁衍生息的基础。随着性生理的逐渐成熟，大学生的性心理活动内容变得丰富多彩，主要表现为对性知识的追求、对异性的爱慕、出现性欲望等。如果得不到恰当的引导，就容易引发各种心理问题。

一、性心理健康的定义和标准

（一）性心理健康的定义

世界卫生组织将性心理健康定义为：通过丰富和完善人格、人际交往和爱情方式，达到性行为在肉体、感情、理智和社会诸方面的圆满与协调。一般认为，性心理健康主要是指个体具有正常的性欲望，能够正确认识与性的有关问题，并且具有较强的性适应能力，能够和异性进行恰当交往，在免受性问题困扰的同时，还能完善自身人格，促进自己身心的健康发展。性心理健康是人类健康不容忽视的重要组成部分，它与人的身体构造、生理功能、心理素质和社会适应密切相关。

（二）性心理健康的标准

（1）有科学性的认识：能够正确认识自己的性别、性取向和性需求，并接纳这些特征，同时了解避孕、性病预防等方面的基本常识。

（2）情感健康：在性关系中能体验到积极的情感，如亲密感和满足感，避免负面情绪，如焦虑或内疚。

（3）关系和谐：在性关系中保持平等、尊重和沟通，双方自愿且无强迫行为。

（4）生理健康：保持良好的生理状态，无性传播疾病或其他健康问题，定期进行相关检查。

（5）社会适应：性行为符合社会规范与法律要求，尊重他人的权利，杜绝违法或侵害他人权益的行为。

（6）心理调适：能够有效应对性方面的压力或困惑，必要时寻求专业的帮助。

（7）自我控制：能够理性管理性冲动，避免过度依赖或成瘾行为。

二、大学生常见的性心理困扰及调适

大学生从性生理的成熟到在合法婚姻形式下开始正常的性生活，一般要经历很长的一段时间。这一时期被称为“性饥饿期”或“性待业期”，这就使得部分大学生在性心理发展的过程中产生诸多的心理困惑，或者在性行为过程中出现一些行为偏差。

（1）性认知偏差：部分大学生由于性知识匮乏或受到错误观念的影响，对性存在不正确的理解，比如，认为性是肮脏、可耻的，或者过度夸大性的作用。调适方法是通过正规的途径，如专业书籍、科普影视、学校开设的性教育课程等，学习科学的性知识，纠正错误的认知。

（2）性好奇：大学生处于性成熟的阶段，对性充满好奇是正常的，但应通过正确的途径获取性知识，避免盲目尝试，杜绝黄色图书、影像等。

（3）性冲动：大学生正处于青春期后期，性激素分泌旺盛，性欲较强，若缺乏正确引导，可能难以控制自己的性冲动，从而产生焦虑、不安等情绪。调适方法是转移注意力和保持理智，当性冲动出现时，大学生可以通过运动、参加社交活动等方式，将注意力从性方面转移；同时，要树立正确的道德观念，用理智来约束自己的行为。

（4）性行为：例如安全性行为意识不足、性成瘾以及性功能障碍等。对于安全性行为，大学生应了解相关知识，如正确使用避孕措施、预防性传播疾病等；对于性成瘾，大学生要意识到这是一种心理问题，必要时可以寻求专业心理咨询师的帮助；若出现性功能障碍，不要讳疾忌医，及时到正规医院进行检查和治疗。

（5）性心理障碍：例如露阴癖、窥阴癖、恋物癖等。这类问题通常与个人的成长经历、心理创伤等因素有关。一旦发现自己或身边同学有类似的倾向，应主动或鼓励其寻求专业的心理治疗，通过心理辅导、行为矫正等方法来解决。

性是自然而正常的生理和心理现象，既不可耻也不神秘，但要遵循道德和法律规范。大学生应主动学习性健康知识，提高自我保护意识和责任感，学会自我约束，克制不当的性冲动，在恋爱关系中，尊重对方的意愿，不强迫对方进行不愿意的性行为。性不仅仅是双方肉体的结合，更是情感的交融，个体应该在合适的时机、合适的关系中体验。性行为应该建立在双方自愿、平等、尊重、负责的基础上，并且要注意保护自己和他人的身心健康。

知识拓展

常见的四种避孕措施

（1）安全期避孕。这种措施对于生活当中那些月经周期规律且在安全期内身体不会排卵的女性而言比较有效，但这种避孕方法常常出现意外。

（2）安全套避孕。安全套避孕不仅方便，而且安全有效。除此之外，使用这种避孕方法还可以在一定程度上有效抑制细菌和病毒的交叉感染。

（3）节育环避孕。已经有孩子且不打算继续生育的女性可以通过放置节育环来避孕。这种避孕方法可以起到很好的避孕效果，但并不是百分之百有效，且可能引起过敏、宫外孕等情况。

（4）避孕药避孕。短效口服避孕药通常在月经来潮第一天或第五天服用，需要每天口服，一般连续服用 21 天或者 28 天，停药以后，一般 3～7 天就会出现月经来潮。长效口服避孕药是指一个月经周期只需要服用一颗。由于这样的药物剂量比较大，因此相对来说副作用也比较大。紧急避孕药是指在无防护性生活或避孕失败后的 72 小时内，为了防止妊娠而采用的避孕药，超过 72 小时后，避孕效果通常会显著下降。缓释避孕药是指将避孕药制成一种装置，放在女性的体内，通过持续地、恒定地每天释放少量的激素，起到避孕的作用，这种药物一般都是孕激素类药物。

需要明确的是，紧急避孕药不是常规避孕药，激素含量较高，可能干扰卵巢的正常工作、扰乱月经周期，对女性的身体危害极大；避孕药不能预防性传播疾病；紧急避孕药不能当作人工流产药来使用。

心理测试

恋爱态度测试

1. 你对未来妻子最主要的要求是（男性选择）：（　　）。
   A. 善于理家做活，利落能干
   B. 容貌漂亮，气质出众
   C. 能够体贴帮助自己
   D. 顺从你的意思
2. 你对未来丈夫最主要的要求是（女性选择）：（　　）。
   A. 潇洒大方，风度翩翩
   B. 有钱有势，社会能力强
   C. 为人诚实正直，有进取心，待人和蔼可亲
   D. 只要他爱我，其他都不考虑
3. 你认为完美的结合应该是：（　　）。
   A. 门当户对
   B. 郎才女貌
   C. 心心相印
   D. 情趣相投
4. 你认为最佳的恋爱时间是：（　　）。
   A. 自己已经成熟，懂得人生的意义和爱情的内涵
   B. 随着年龄的增长，自有贤妻或好丈夫到来，顺其自然
   C. 先下手为强，越早越有主动权
   D. 还没想过
5. 你希望结识恋人的方式是：（　　）。
   A. 青梅竹马
   B. 一见钟情
   C. 在工作和学习中逐渐互生恋情
   D. 经熟人介绍
6. 你认为推进爱情的良策是：（　　）。
   A. 极力讨好取悦对方
   B. 尽力使自己变得更完美
   C. 百依百顺，言听计从
   D. 无计可施
7. 你希望恋爱持续的时间是：（　　）。
   A. 越短越好，最好是闪电式
   B. 时间依进展而定
   C. 时间要拖长一些
   D. 自己无主张，全听对方的

8. 每个人都希望完整、全面地了解对方，你认为了解对方的最佳途径是：（　　）。

A. 精心布置特殊场地，细心观察

B. 坦诚相待地交谈，细心观察

C. 通过朋友打听

D. 没想过

9. 你十分倾心的恋人，随着时间的推移，会暴露出缺点和不足，这时候你会：（　　）。

A. 采取委婉的方式告知并帮助对方改进

B. 无所谓

C. 嫌弃对方，犹豫动摇

D. 内心十分痛苦

10. 当你刚刚与他人建立恋爱关系，但有条件更好的异性对你表示爱慕时，你会：（　　）。

A. 说出实情

B. 对其冷淡，但维持友谊

C. 瞒着恋人和其来往

D. 听之任之

11. 当你倾慕一位异性已久并向他发出爱的信号时，你忽然发现他另有所爱，你怎么办？（　　）。

A. 静观其变，进退自如

B. 参与角逐，穷追不舍

C. 抽身止步，成人之美

D. 不知道

12. 你怎样看待恋爱中出现的矛盾和波折？（　　）。

A. 既然已经出现，也是一件好事，双方正好趁此了解和考验对方

B. 感到伤心难过，认为这是一种不幸

C. 疑虑顿生，就此提出分手

D. 没对策

13. 由于性情不合或其他原因，你们的恋爱搁浅了，对方提出分手，这时候你会（　　）。

A. 千方百计缠住对方

B. 到处诋毁对方名誉

C. 说声再见，各奔前程

D. 不知所措

14. 当你十分依赖的恋人背信弃义，喜新厌旧，离开你以后，你怎么办？（　　）。

A. 当自己瞎了眼，认错了人

B. 你不仁，我不义

C. 吸取教训，重新开始

D. 痛苦得难以自拔

15. 你爱途坎坷，虽然经过多次的恋爱，但均告失败。随着年龄的增长，你进入“老大难”的行列，你会：（　　）。

A. 一如从前，宁缺毋滥

B. 找一个随便凑合

C. 检查择偶的标准是否切合实际

D. 叹息命运不佳，从此绝望

16. 你认为恋爱作为人生中一个极其重要的环节，其最终达到的目的应当是：(　　)。

A. 找到一个情投意合的伴侣

B. 成家过日子

C. 满足性欲望

D. 只是觉得新鲜有趣，没有明确的想法

计分方法：

题目	A	B	C	D
1	2	1	3	1
2	1	1	3	2
3	1	1	3	2
4	3	2	0	1
5	2	1	3	1
6	1	3	2	0
7	1	3	2	0
8	0	3	2	1
9	3	1	0	2
10	3	2	0	1
11	2	1	3	0
12	3	2	1	1
13	1	0	3	1
14	2	0	3	1
15	1	1	3	0
16	3	2	0	1

分数解释：

每道题目中的选项对应着不同的分数，请将这些分数相加，得出总分。总分在 42 分以上，说明你的恋爱观正确；总分为 33～41 分，说明你的恋爱观基本正确；总分在 32 分及以下，说明你的恋爱观需要调整。

自省与成长

1. 什么是爱情？

2. 爱情需要具备哪些心理品质？

3. 请结合实际，谈谈大学生应如何处理恋爱中出现的各种问题。

第七章

大学生学习心理

学习目标

1. 了解学习背后的推动力，寻找学习的兴趣。
2. 利用记忆与思维的心理规律，掌握学习的策略，进行有效的学习。
3. 思考学习的意义，了解大学学习的特点，设计属于你的大学学习方案。

案例导入

小风是一名畜牧兽医专业的高职生。怀揣着对动物的热爱和对兽医职业的向往，他踏入了大学校园。然而，大学的学习方式和高中截然不同，这让小风感到十分不适应。这种不时会冒出的低落、抑郁情绪让他常常感到自己和这所坐落在都市的大学格格不入，他没有心思学习，不停地看剧、玩游戏、刷微博、逛淘宝。这不禁让他时不时地怀疑自己的人生，带着这样的困惑，小风来到了心理咨询室。

小风在心理咨询师这里获得了负面情绪的排解，并获得了一个关于如何学习的锦囊——在做中学。一次动物解剖实验课上，小风理论知识薄弱，操作失误，导致实验失败。但是，他不断地去练习、操作，慢慢地，眼前的操作和脑海中的知识开始联系起来，并立体地展现在脑海中。这次经历让他意识到自己学习方法的不足，他开始对自己的学习方法进行试错并更新。

小风开始主动学习，课前预习课本，标记不懂的地方；课堂上认真听讲，积极思考；课后及时复习，整理笔记。他还制订了详细的学习计划，合理安排学习时间。通过理论联系实际，注重实践操作，小风不再死记硬背理论知识，而是尝试将理论知识与实践操作相结合。他积极参加学校组织的实习活动，在实习过程中虚心向老师和学长请教，将课堂上学到的知识应用到实际工作中。

经过一段时间的努力，小风的学习成绩有了显著的提高，他对畜牧兽医专业的学习也越来越感兴趣。他不仅掌握了扎实的理论知识，还具备了较强的实践操作能力。毕业后，小风顺利找到了一份心仪的工作，成为一名优秀的兽医。

生活中，可能有很多同学都在经历着与小风一样的困扰。他们或是高考失利，或是基础知识薄弱，或是实践能力差，或是学习方法不得当等，导致学习不好。那么，你的学习现状如何呢？你可以从哪些地方做出改善？让我们先从学习动机讲起吧。

第一节　学习有动力——学习的动机

一、学习动机的含义及作用

学习动机是指激发个体学习活动，维持已引起的学习活动，并使学习行为朝向一定目标的一种内在过程或内部心理状态。学习动机可以用来解释引发、定向与维持学习行为的原因。对于案例故事中的小风来说，他学习困难的原因可以从学习动机的角度进行解读——他失去了学习动机。帮助他走出困境的关键即帮助他正确激发学习动机。

（一）引发作用

当学生对某些知识或技能产生迫切的学习需要时，其学习的内驱力就会被引发，内部的激动状态就会被唤起，从而产生焦急、渴求等心理体验，并激发出一定的学习行为。

（二）定向作用

学习动机以学习需要和学习期待为出发点，使学生的学习行为在初始状态时就指向一定的学习目标，并推动学生为达到这一目标而努力学习。

（三）维持作用

学习动机促使学生在长时间的学习活动中保持认真的态度，坚持完成学习任务，这就是学习动机的维持作用。

二、学习动机的类型

学习动机分内部动机和外部动机。内部动机是指由学习活动本身的意义和价值所引发的动机。内部动机的满足在活动之内，而不在活动之外。学生努力学习仅仅是因为他们对所学内容本身感兴趣或好奇，或者在学习中能收获乐趣。例如，许多学生愿意学习摄影或者电影欣赏之类的课程，即使不一定得到学分或者高分，但也会持之以恒地钻研，这就是受内部动机的驱动。

而外部动机是指由学习活动的外部后果所引起的动机，从事学习活动是达到某一结果的手段。外部动机的满足不在活动之内，而在活动之外。学生努力学习是想在考试中获得好成绩、得到奖励、取悦老师或者逃避惩罚，学习成为获得表扬的一种手段。

自我决定理论认为，外部动机是个体自主性较弱的动机，主要受到外部压力的影响才产生行为，如期限、父母的奖励或老师的夸奖等，受外部动机驱动的个体常常感到压力或者焦虑。而内部动机则是自我决定程度最高的动机，个体发自内心想做某些事，在做这些事的过程中，他们感到幸福、快乐并且享受这一过程，表现也会更好。

使用强化和奖励诱发外部动机的做法，被普遍认为会影响原有的内部动机，降低学生学习的自主性，因而受到了很多的批评。有研究者认为，奖励会使学生把注意力放在奖励，而非任务本身上，使得他们的表现越来越糟糕，做起事来也越来越斤斤计较，他们总是在绞尽脑汁地希望用最少的努力来赢得最大的奖励，而不是想方设法进行高质量的学习。因此，我们应该更多地依赖内部动机去学习，而避免成为他人奖励与夸奖的"傀儡"。

三、影响学习动机的外部因素

（一）任务

不同类型的任务对应着不同的风险性和模糊性。大多数学生都希望降低学习的风险性和模糊性，因为它们对取得高分构成了一定的威胁，高焦虑或者试图逃避失败的学生尤其如此。风险和模糊程度高的任务往往会使学生感到困惑，甚至会泄气，或者失去学习兴趣。因此，适当降低任务的风险性和模糊性对于维持学生的学习动机是有益的。

（二）教师

除了表扬或积极评价外，教师还可以运用自己对学生的期望来影响他们的学习动机。这涉及固定期望效应和自我实现的预言效应。前者是指即使学生的能力已经发生变化，但教师的期望仍停留在最初水平的一种现象，教师无法提供更合适的教学，以致限制学生更大的发展，不利于学生的学习。后者是指教师对学生能力的信念会影响其对学生的期望，而对学生的期望又往往会变成学生的现实表现的一种现象。这两种效应启发我们，教师要以发展的眼光看待学生，根据学生的学习水平适当调整，对学生的期望和评价，警惕无意识偏见，利用对学生的期望最大限度地激发学生的学习动机。

知识拓展

罗森塔尔效应

罗森塔尔效应，也被称为皮格马利翁效应，是由美国心理学家罗伯特·罗森塔尔和勒诺·雅各布森在20世纪60年代提出的一种心理现象。该效应指出，他人的期望会影响个体的表现，尤其是在教育和管理等领域中，这种影响尤为显著。

1968年，罗森塔尔与雅各布森在一所小学进行了一项著名的实验，研究教师的期望对学生学习成绩的影响。研究人员对一所小学的学生进行了一项普通的智力测试，但告诉教师这是一项可以预测学生"学术爆发潜力"的测试。研究人员随机选择了一部分学生，并告诉教师这些学生具有极高的"学术爆发潜力"。

在学年结束时，研究人员再次测试学生的智力水平，发现被标记为"高潜力"的学生在智力测试中的表现显著优于其他学生。被教师寄予高期望的学生，学习成绩和智力测试分数都有显著的提升。这种现象在低年级学生中尤为明显。

四、影响学习动机的内部因素

（一）兴趣

兴趣是指个体趋向于认识和掌握某种事物，或参与某项活动的一种心理倾向，同时伴随着积极的情感。兴趣可以分为个体兴趣和情境兴趣。其中，个体兴趣是指随着时间的推移而不断发展起来的一种相对稳定持久且与某一特定主题或领域有关的动机取向或个人偏好；而情境兴趣发生在人与活动发生交互作用的环境当中，即由特定情境引发的兴趣，如在密室逃脱游戏中对解密产生的兴趣。

（二）自我认识

与学习有关的自我认识包括自主性和自我效能感。自主性是指个体在做什么和怎么做的问题上，自己做出选择和控制。因此，一般来说，应让学生自己来做出选择、制订学习计划，在这个过程中，可以由老师帮助制定适当的限制和规则，同时辅以非控制性的、积极的反馈，这样能最大限度地维持学生的学习兴趣。

（三）归因

所谓归因，就是对自我行为的原因进行分析。归因理论假设寻求理解是行为的基本动因。我们在解释自己取得的成绩时，经常提及自己的努力、能力、任务或运气，这些因素将会产生不同的动机效果。如果将成功归因于内部因素，我们会感到自豪和满意；如果将成功归因于他人或外部力量，我们则感到感激。如果将失败归因于内部因素，我们会感到自责、内疚和羞愧；如果将失败归因于外部因素，我们则会感到生气或愤怒。

当把失败归因于内在的、稳定的、不可控的因素时，我们会产生一种非适应性的行为，即习得性无助。

知识拓展

习得性无助

习得性无助是一种心理现象，指的是个体在经历多次失败或挫折后，认为自己无法改变现状，从而放弃努力的一种心理状态。即使后来有机会改变，他们也会因为过去的经历而选择被动接受。简单来说，习得性无助即“学来的无能为力”。

习得性无助的概念由美国心理学家马丁·塞利格曼（Martin Seligman）在 20 世纪 60 年代通过一系列动物实验提出。塞利格曼发现，当动物反复经历无法控制的负面事件时，它们会逐渐放弃尝试，即使后来有机会逃脱，也会选择被动接受。塞利格曼的实验对象是狗，实验分为两个阶段：第一阶段，将狗分为两组，一组被关在笼子里，无法逃脱电击；另一组则可通过按压杠杆停止电击。第二阶段，将两组狗都放在一个可以轻松逃脱电击的环境中。

实验的结果是，第一组的狗在第二阶段中即使可以逃脱，也不会尝试，而是被动接受电击；而第二组的狗会迅速逃脱。由此可知，这种无助感是“习得”的，而不是天生的。所谓习得性无助，是指个体将失败归因于不可控因素，认为自己在任务面前无能为力。

习得性无助的学生因不断地遭受失败的打击，深信个人无论付出怎样的努力，对事情的结果都毫无帮助。因此，他们通常不愿意付出努力，而且对任何事情都表现得非常冷漠、消极。许多研究都发现，习得性无助行为不仅会对学生的成就产生消极的影响，而且会使学生形成消极的自我概念，认为自己是一个一无是处的人。

第二节　学习有意义——成为主动的学习者

一、学习的概念

学习发生在生活中的方方面面。广义的学习是指基于经验而使行为或行为潜能发生相对一致的变化的过程；狭义的学习特指学校学习。我们每个人在成长的过程中都拥有非常丰富的学习经历和体验：初次开始集体生活，接触真正的专业知识，甚至开始尝试跟一个人恋爱等都是学习。

知识拓展

美国著名的学习教育心理学家奥苏贝尔等人，按照学习方式、学习内容能否与学习者联系起来，对学习进行了分类。

学习的分类

划分标准	类别	
学习方式	接受学习：将别人的经验变成自己的经验 例如：通过听音乐、看视频，学习新的歌曲	发现学习：个人独立发现、创造经验的过程 例如：发现新的旅游线路
学习内容能否与学习者联系起来	机械学习：在缺乏某种先前经验的情况下，靠死记硬背进行学习 例如：小学生背诵古诗	有意义学习：学习者利用原有经验来进行新的学习，理解新的信息 例如：攻读感兴趣的学科的研究生

二、大学学习的特点

大学生要想更好地适应大学的学习生活，需要一把钥匙来解读学习发生的变化，这样才能做到“心中有数”。结实的大锁挂在门上，铁杆费了九牛二虎之力，还是无法将它撬开。但钥匙来了，它瘦小的身子钻进锁孔，只轻轻一转，大锁就应声而开。这说明，方式有时比动机更重要。

对于大学生来说，大学的学习与之前擅长的学习有了较大的变化。中学的学习更倾向于被动接受，而大学的学习更倾向于主动发现，需要个体进行更多的认知和反思，甚至是自我监控。具体来说，大学学习具有以下五个特点。

（一）学习的专业性

大学属于专业教育阶段，学习的内容围绕专业方向和需要展开。以英语专业为例，学习内容不仅仅是背单词、做习题，往往是老师提出一个主题，让大家自己找相关资源进行演示；而计算机专业的课程，老师的每一讲都像一个概述，想要理解这门课的知识，需要仔细思考，并且课下查看其他的相关参考书。学好专业课需要大学生思考知识之间的联系，使用有效的学习策略。

（二）学习的自主性

大学的学习具有高度的自主性。如果说中学的学习像“盒饭”，那么大学的学习则更像“自助餐”。中学时，学生只是被动地接受老师提供的知识，很少主动地思考。而到了大学，大学生就像进入自助餐厅，老师成为食物背后的“服务员”，由大学生来选择“吃什么”“怎么吃”“吃多少”。在大学里，对于课程、学习时间、学习方式等，大学生具有很大的自主性。

（三）学习的探索性

大学学习具有研究和探索的性质，参与研究成为大学生的必修课。大学生不仅要掌握前人积累的专业理论知识，还需要主动探索和思考，加深知识与自己的关系，进一步创新和发展知识。

（四）学习的实践性

大学学习更强调学以致用。大学生通过调动多种资源获得更多的体验，才能将所学知识转化为自己的收获，带来持久的影响。如天天待在自习室的同学，开始阅读经济学英文原著，同时尝试与朋友一起举办了一次英语模拟拍卖活动。他不仅通过这次活动获得了更多有关拍卖的体验，而且据此完成的英语论文获得了系里社会实践优秀论文一等奖。

（五）评价的多样性

在大学中，学业成绩已经不再是评价的唯一标准。学习成绩的高低并不完全决定一个人是否成功。学习成绩主要体现为大学生两个方面的能力：逻辑思维能力和语言能力。然而，人际沟通能力、领导管理能力、艺术创作能力、动手能力等却很难在考试中体现出来，而这些能力对一个人的成功非常重要。能够掌握学习的方法，学会观察生活的有心人，体验生活中的美好和精彩的人，才能成为优秀的大学生。

三、学习意义的思考

进入大学，放下高考或者说考试重担的你，是否思考过大学对自己的意义？有些大学生可能想过，但是更多的大学生可能并没有主动思考过这个问题。自由选择在带来责任感、价值感的同时，也会带来一定程度的焦虑。如果大学生相信生活的意义是自我选择的结果，那么现在的空虚就是自己不负责任的表现，焦虑就会更加严重。很多大学生的大学学习就像叔本华说的那样，注定要徘徊在焦虑和厌倦这两极之间。有的大学生只要想到要为自己的学习负责，就开始感到焦虑，需要通过放松对自己的控制才能得到一定的缓解，但是一段时间过后又觉得厌倦或无聊。比如，有些大学生投身在玩游戏的“事业”中，但是很快又开始厌倦、自责。

大学是你未来人生的起点。有意义和无意义的学习、主动与被动的学习之间存在巨大的差异。要想让大学学习更有意义，必须思考清楚以下问题：你为什么要学习？学习对你的独特意义是什么？学习和你的梦想之间有怎样的关系？你今天的学习和明天的生活又有什么样的联系？

学习的意义不在于抵达某个终点，而在于通过持续的认知重构，使人始终保持“未完成状态”——这种永恒的未完成性，恰恰是人类尊严与创造力的源泉。正如诗人艾略特在《四个四重奏》中所写：我们不应该停止探索，而所有探索的终点，都将是我们出发的起点，并且生平首次了解这起点。

第三节　学习无障碍——学习的策略

对于刚进入大学的新生们来说，已经学习了十几年。如果说他们不会学习，听起来有些荒谬，但这确实发生在很多同学的身上。他们长久以来习惯了被动学习，在大学这个拥有充分自由的空间里，反而不知道如何学习了。或者准确一点来说，是不知道自己应该学些什么。我们究竟要学些什么，又该如何学习，这些问题能否在这一节里得到一个令人满意的解答呢？

一、学习的风格

人们擅长的学习内容以及适合的学习方法并不相同。从生理上看，有人喜欢在音乐背景下写作业，有人则喜欢安静的环境；有人在上午的学习效率高，有人则需要在夜深人静时才能集中精神；有人擅长用左半脑进行推理和思考，有人则擅长用右半脑进行直觉思考。学习者在完成学习任务时表现出一贯、典型、独具个人特色的学习策略和学习倾向，这就是学习风格。

哈佛大学教育学教授霍华德·加德纳根据人们解决问题的不同方式提出了多元智能理论（见图 7－1）。

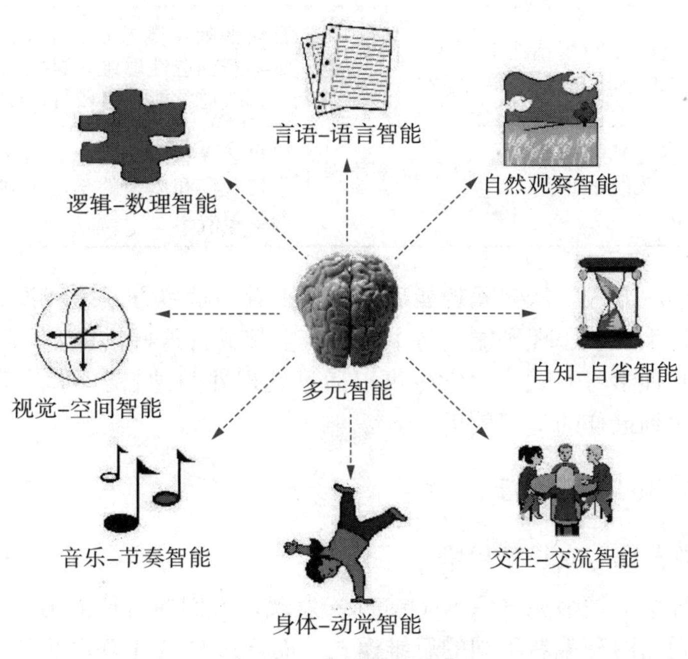

图 7－1　多元智能理论

多元智能类型的核心能力、典型职业代表、特点及学习方式建议如表7-1所示。

表7-1 多元智能类型的核心能力、典型职业代表、特点及学习方式建议

智能类型	核心能力	典型职业代表	特点及学习方式建议
言语-语言智能	对文字、语言的敏感度与运用能力	作家、律师、记者	有较好的听觉能力，喜欢阅读、写作，对名称、时间、地点的记忆较为出色，喜欢讲故事。采用听说的学习方式，通常能取得较好的学习效果
逻辑-数理智能	抽象推理、数理逻辑与问题解决能力	科学家、程序员、会计师	喜欢研究图形和关系，喜欢完成有一连串指令的工作。采用将知识进行分类，利用抽象思维找到一般规律的学习方式，通常能取得较好的学习效果
视觉-空间智能	视觉化思考与空间关系处理能力	建筑师、画家、飞行员	喜欢通过阅读、看录像和观察的方法学习，喜欢形象思考。采用阅读课堂讲义，特别是作图、作表的学习方式，通常能取得较好的学习效果
身体-动觉智能	身体协调与物体操控能力	运动员、舞蹈家、外科医生	对事件能够做出恰当的身体反应，善于利用身体语言来表达自己的思想和情感。适合身体操作、协调的学习方式
音乐-节奏智能	对节奏、音高、音色的感知与创造能力	作曲家、指挥家、调音师	对声音很敏感，学习和读书时喜欢听音乐，喜欢声调和节拍。伴着优美的音乐旋律学习，通常能取得较好的学习效果
交往-交流智能	理解他人意图、情绪与协作能力	教师、心理咨询师、销售	喜欢生活在人群中。采用叙述、分享和合作的学习方式通常能取得较好的学习效果
自知-自省智能	自我认知与情绪管理能力	哲学家、作家、创业者	喜欢独处，能意识到自己的优缺点和各种感觉，有创造性思维，喜欢反思。采用独立的学习方式通常能取得较好的学习效果
自然观察智能	观察自然模式与生态系统的理解能力	生物学家、环保主义者	对自然界和环境变化具有敏锐的观察力。通过直接观察和体验的学习方式，通常能取得较好的学习效果

你属于哪种学习方式？从多元智能理论角度来看，学习方式之间没有好坏之分，它充分考虑了每个人的生理和心理潜能，每个人的身上都具备这些潜能，你可能会喜欢或者习惯使用某种或某几种学习方式。大学生可以通过发现并归纳自己的学习方式，发挥所长，整合一些细节来达到最佳的学习效果。

二、对待学习的思维模式

（一）固定型思维与成长型思维

美国教育心理学家德韦克（C. S. Dweck）发现，人们在看待能力、智力、创造力等个人特质时，会表现出两种截然不同的思维模式，而且这些思维模式通常是内隐的，她把这些思维模式称为心理模式（mindset）。其中，一种是固定型，人们相信自己的能力和智力

是固定不变的；另一种是成长型，人们相信自己的能力和智力可以改变，能够成长。两者在很多方面有完全不同的想法和表现（见表 7-2）。

表 7-2　固定型思维和成长型思维模式的比较

	固定型思维	成长型思维
相信	能力、智力是固定不变的	能力、智力是可以提高的
遇到挑战时	倾向于避免挑战	倾向于迎接挑战
遇到阻碍时	自我保护或者轻易放弃	面对挫折，坚持不懈
对努力的看法	认为努力是不会有结果的，而且越努力，说明能力越差	认为熟能生巧
对批评的看法	尽力避免，忽视批评中有用的反馈	态度更中性，愿意从中学习
看到他人成功	觉得他人的成功是一种威胁	从中获得新知和灵感
结果	很早就停滞不前，无法取得原本有潜力的成就	取得很高的成就

很多人从小就被训练成固定型的思维模式，比如，常常被灌输“你不够聪明”“智商是天生的”“你只能学文科”等想法。这些人长大后，要么努力证明自己，要么为了避免失败而只做自己擅长的事情。具有成长型思维的人，则更愿意接受新的挑战，面对挫折更加努力。

德韦克对一些初中生进行了一项长达两年的追踪研究，结果发现：在起始数学成绩相同的情况下，持成长型思维模式的学生只需要一个学期的时间，其数学成绩就显著领先于持固定型思维模式的学生。他们在面对困难任务时，更多地表现出韧性，且两者之间的差距呈持续扩大的趋势。

尽管两种思维模式的差异是显著的，但是这种差异本身也不是一成不变的。让自己的思维模式发生改变的前提是主动挑战自己现有的思维模式，即摆脱固定型思维模式的束缚，同时避免成长型思维模式的极端化，如不要忽视客观限制。

（二）重要的知识有难度

很多同学对学习本章的期待是想知道如何让枯燥乏味的专业学习变得轻松有趣。然而，几乎所有重要知识的学习都有一定的难度，轻松的学习往往也是无效的学习。认知心理学研究发现，人们在学习一个新概念时，花费越多的心思，越愿意尝试用自己的话语对其进行重新演绎，或者尝试理解这个概念在不同语境下的不同意义，就越能牢固地掌握这个概念。这背后的依据是长时记忆的工作原理：所有存储在长时记忆中的信息都是以放射性、相互联系的方式存储的。当提起其中一点时，往往能想起一系列相关的信息。这就是我们容易记住故事，而不是随机单词的原因。

此外，学习也与神经传递可塑性原理有关。大脑的学习过程就像架桥一样，在两座山峰之间铺设第一根连线时最困难，但只要两座山峰之间有了连线，铺设好了桥梁，后续的信息传递就变得越来越容易。当你在学习过程中遇到挫折时，恰恰是你在努力的标志，这并不代表着失败。面对挫折继续努力，你会积累更多的专业知识。只有让学到的知识与技能在头脑中随时待命，你才能在以后遇到问题时思路清晰，并抓住解决问题的机会。

知识拓展

大脑神经可塑性

直到 20 世纪 60 年代，研究人员一直都认为大脑的变化只会发生在婴幼儿阶段。然而，之后的很多研究打破了这种认知，研究证明，后天环境中的学习和训练可以深刻地改变我们的认知、情感和运动等方面的能力，因为我们的大脑神经有很强的可塑性。大脑神经可塑性指的是神经元细胞之间连接、生成和修改的能力。

大脑神经可塑性遵循的原则是“用进废退”，当我们学习新知识时，信息在大脑内部神经元细胞之间的传递速度是非常缓慢的，但是随着信息通过的次数越来越多，神经传递速度也越来越快。经常传递信息的神经通路之间会生成一种物质，叫作髓鞘，它能使兴奋神经的传递速度加快，并保证其定向传导，那些不用的神经通路则开始萎缩，停止生长。这种由学习带来的大脑变化不是短暂的、表面的变化，而是在生理结构水平上发生的持久的变化。

三、有效的学习策略

学习策略是指学习者为了提高学习的效果和效率，有目的、有意识地制定有关学习过程的复杂方案。说到底，学习是为了让我们的大脑学会知识和掌握技能，而大脑学会了这些的标志有两个：再次见到能认识——再认；换个地方能应用——迁移。这些都与大脑的重要功能——记忆相关。大学生如果了解了记忆和学习的特点，采用适当的学习策略，就能事半功倍。

（一）检索学习

所有信息进入大脑都需要先经过筛选登记，没有登记的信息很快就会被遗忘。很多人首要的学习方式即反复阅读，虽然反复的次数很多，甚至产生了我已经对这个知识很熟悉的错觉，但到考试时却发现自己记忆得并不牢靠。有效的学习策略之一是检索学习，努力从你的记忆中检索相关的知识和技能，进行自我测验，而不只是机械阅读记忆。检索可以帮助我们判断自己是否记住了所学的内容，因此，考试并不是洪水猛兽，而是帮助我们了解自己学习情况的有效手段。在读书或者研究笔记时，请时不时停下来，合上书本，问自己以下几个问题，以提高检索学习的效果：

（1）这段的核心内容是什么？

（2）哪些术语或者概念是我没有接触过的？

（3）我可以如何定义它们？

（4）这些概念和我以前学习的知识有什么联系吗？

（二）间隔学习

间隔学习比集中学习的效果更好，这是因为长期记忆的存储需要一个巩固的过程，这个过程可能需要数小时，甚至数天。快速频繁的练习只能产生短时记忆。虽然间隔学习会有一些遗忘，但是重新复习、检索所学内容的过程，会促进知识巩固，强化记忆。你可以运用间隔学习的原则，为自己制订一份自测计划。在每个学习阶段之间留出一段时间间隔，之后再进行自测，寻找那些可能被遗忘的知识。通过重新进行检索学习，你会更加牢固地记住这些内容。

（三）联系学习

在学习过程中，尽可能提问，以加深对所学内容意义的理解，主动与以前所学的知识相互联系，这些都是很好的学习策略。

长时记忆存储信息还有形象化的特点。对于某项知识或技能，视觉化是一种非常重要的学习策略，能够帮助人们克服困难、实现学习目标。

心理测试

学习动力自我诊断测验

这是一份关于大学生学习动力的自我诊断测验，一共有20道题目，请根据自己的实际情况，逐一对每个陈述做“是”或“否”的回答。为了保证测验的准确性，请认真作答。

1. 如果别人不督促你，你极少主动地学习。（　　）
2. 你一读书就觉得疲劳与厌烦，很想睡觉。（　　）
3. 当你读书时，你需要很长时间才能提起精神。（　　）
4. 除了老师指定的作业外，你并不想再多看书。（　　）
5. 在学习中遇到不懂的知识，你根本不会想方设法弄懂它。（　　）
6. 你常常认为自己不用花太多时间，成绩就能超过别人。（　　）
7. 你迫切希望在短时间内大幅提高自己的学习成绩。（　　）
8. 你常常为短时间内成绩没能提高而烦恼不已。（　　）
9. 为了及时完成某项作业，你宁愿废寝忘食、通宵达旦。（　　）
10. 为了把功课学好，你放弃了许多感兴趣的活动，如体育锻炼、看电影、郊游等。（　　）
11. 你觉得读书没意思，想去找工作做。（　　）
12. 你常认为课本上的基础知识没有什么好学的，只有看高深的理论和读大部头作品才更有趣。（　　）
13. 你平时只在喜欢的科目上狠下功夫，对不喜欢的科目则花费很少的时间。（　　）
14. 你花在课外读物上的时间比花在教科书上的时间要多得多。（　　）
15. 你把自己的时间平均分配在各科上。（　　）
16. 你给自己定下的学习目标，多数因做不到而不得不放弃。（　　）
17. 你几乎毫不费力就实现了学习目标。（　　）
18. 你总是同时为实现好几个学习目标而忙得焦头烂额。（　　）
19. 为了应付每天的学习任务，你已经感到力不从心。（　　）
20. 为了实现一个大目标，你不再给自己制定循序渐进的小目标。（　　）

计分方法：

选“是”计1分，选“否”计0分，将各题得分相加，算出总分。

分数解释：

上述20道题目可分成4组，它们分别测查你在四个方面的困扰程度：1～5题测查你的学习动机是否太弱；6～10题测查你的学习动机是否太强；11～15题测查你在学习兴趣方面是否存在困扰；16～20 题测查你在学习目标上是否存在困扰。

假如你对某组（每组 5 题）中大多数题目持认同的态度，则说明你在相应的学习看法上存在一些不够正确的认识，或存在一定程度的困扰。

从总体上讲：

0～5 分，说明学习动机存在少许问题，必要时可调整。

6～20 分，说明学习动机存在严重的问题和困扰，需要做出调整。

心理活动训练

学习方法的“优”或“劣”

目的：帮助同学们了解多样的学习方法，并找到适合自己的学习方法。

时间：30～45 分钟。

地点：普通教室。

具体步骤：

1. 心理老师将“分享卡片”分发给每个同学，要求同学们按照要求填写卡片前两栏，用时 5 分钟左右。

我的方法	是否有效（实际经历）	“优”方法	“劣”方法	反思

2. 心理老师邀请同学依次上台分享自己的学习方法，台下的同学依据这种方法是否适合自己的原则，将它归为“优”方法或者“劣”方法。

3. 在分享结束后，组织大家讨论这些学习方法的优劣，鼓励同学们发表自己的见解，也可以针对某些学习方法提出自己的改进意见。

4. 同学们分别对自己的学习方法存在的不足以及如何改进进行整理，填写到“分享卡片”的“反思”一栏。

5. 心理老师对大家的讨论结果进行总结，由学生进行补充，以分条列点的方式形成本次的学习成果。

自省与成长

1. 简述对待学习的正确思维方式。

2. 结合你的学习经验，谈谈你认为有效的学习策略。

第八章

大学生生命教育

学习目标

1. 建立生命意识，了解、欣赏、珍惜生命。
2. 了解生命健康知识。
3. 培养积极的生命态度，体会幸福。
4. 探索生命的意义，实现个人价值。

案例导入

逆境中的光芒：贫困大学生小张的热爱生命之旅

小张是一名20岁的大二女生。她来自偏远农村，家庭经济条件极为有限。尽管生活给予她的是物质上的匮乏和重重挑战，但她却以一颗坚韧不拔的心，诠释了热爱生命、积极向上的真正含义。

她利用一切可以利用的时间和地点，如早晨去图书馆、夜晚在宿舍，刻苦钻研专业知识。她积极参与课堂讨论，与老师建立良好的关系。她通过借阅书籍、利用网络资源等方式，弥补了自己在资料获取上的不足。她的成绩始终名列前茅，连续两年获得国家励志奖学金，连续4个学期获得校级奖学金，成为同学们学习的榜样。

小张从不抱怨自己的出身和境遇，而是以一种乐观的心态去面对生活中的每一个挑战。她积极参与学校的社团活动，如志愿者服务、文艺演出等，用自己的行动去温暖他人，传递正能量。

她在课余时间选择了多份兼职工作，从学校的勤工俭学岗到学校食堂的兼职岗，再到家教辅导，她用自己的双手为家庭减轻负担。她在食堂角落背单词的照片被同学发到网上，被称为“食堂学霸”。同时，她还积极帮助其他家庭经济困难的同学，分享自己的打工经验和省钱技巧，鼓励他们勇敢面对困难，共同走出困境。

尽管生活给予小张无尽的挑战，但她从未放弃对未来的憧憬和梦想。她计划在完成学业后，回到家乡创业，帮助更多的农村孩子接受优质教育，改变他们的命运。她相信，只要心中有梦，脚下就有路，无论生活多么艰难，都无法阻挡她追求梦想的脚步。

第一节 生命意识教育和健康教育

一、生命意识教育

（一）了解生命

在漫长的宇宙历史中，最神奇的事件之一莫过于生命的诞生。生命是什么？如果对“生命”这个概念进行解释，这可能是我们能够想象的最难回答的问题之一，因为学术界也没有统一的答案。

从生物学的角度来看，生命是以蛋白质和核酸为主的多分子系统的存在方式，是一种特殊的、高级的、复杂的物质运动形式。生命过程主要包括新陈代谢、生长、发育、遗传、变异、感应、运动等。生长和发育是生命的基本过程，而新陈代谢则是生命最基本的过程，是其他一切生命现象的基础。

在所有的生命存在中，人是超越一切其他生命现象的存在物。

（二）欣赏生命

生命具有唯一性，所有的生命都有自己独特的密码，都令人肃然起敬，值得我们敬畏。所有生命的行为都无法重复、再现或者替代。生命分为三种形态：自然生命，社会生命和精神生命。

1. 自然生命

自然生命是一切物质财富和精神财富的基础和载体，没有它，一切都无从谈起。爱惜自然生命是每个人的人生首义。现在的大多数人都在努力探索健康的生活方式，但部分大学生健康意识淡薄，认为自己还年轻，身体健康，没有必要过分注重养生，认为手持保温杯的行为都是中年人的专属特征。在大学生心理健康课堂的不完全调查中发现，超过半数的大学生有熬夜的习惯，缺乏适当的运动。睡眠不足会导致大学生注意力不集中、记忆力减退；缺乏适当的运动则会导致大学生体质下降，容易受到普通感冒的侵袭，影响正常的学习和日常活动。“健康中国”计划已经开始实施，大学生群体作为祖国未来发展的生力军，应该保持生命的健康状态，只有这样，才能够在未来的奋斗中实现自己的人生理想。人的任何价值都是基于自然生命和身体健康之上的，如果失去了这一基础条件，所有的理想和幸福都会化为泡影。

知识拓展

健康是发展的基石

姚明作为中国篮球的标志性人物，其职业生涯因反复的脚部伤病被迫提前终结。在2008年北京奥运会上，他带伤出战，虽然为国家荣誉拼尽全力，但导致脚踝伤势恶化；在2009年接受左脚骨裂手术后，他不得不在2011年宣布退役。然而，姚明并未因身体的局限而停止工作，他转型为篮球俱乐部管理者、公益基金会发起人，推动青少年体育教育与慈善事业的发展。他的经历深刻揭示了一个道理：自然生命是个人价值的根基，健康如同“1”，事业、成就等皆为后续的“0”；当身体受限时，生命仍可以通过其他形式焕发新的光彩。

请同学们思考：若面临健康与短期目标的冲突，应该如何权衡？如何在身体条件变化后重新定位自我价值？

2. 社会生命

社会生命包括生活角色、权利义务、社会关系等。社会生命定义了每个人在社会中的不同位置，同时也通过人际关系的交接点，确定了每个人的社会地位。在家庭里，如果你的角色是一个孩子，那么你享受着父母养育你的权利，同时也要履行为父母养老的义务。如果你是一名学生，你享受着作为一名学生学习知识的权利，同时你也必须履行好好学习、尊师重道的义务。

知识拓展

角色责任塑造价值

华中农业大学的徐本禹以行动诠释了社会生命的真谛。2003 年，他放弃研究生学业，只身前往贵州贫困山区支教。在狗吊岩村岩洞小学，他睡教室、吃土豆咸菜，一人承担多科教学，并通过网络日记记录山区教育的困境，引发全国关注。社会各界纷纷捐赠，新校舍拔地而起，数千名大学生受其感召，加入研究生支教团。徐本禹曾说：“我的角色是连接资源与需求的桥梁。”他的故事表明，社会生命通过责任与角色得以彰显，个体的行动能激发群体力量，形成“助人、自助、助更多人”的良性循环。

请同学们思考：不同的社会角色能够提供什么价值？

3. 精神生命

精神生命是在动物本能基础上产生的高级生命形式。精神生命不仅包括信仰和信念，而且包含着对科学知识的忘我追求。精神生命的精髓在于不停地奋斗，或自强不息，或平淡守拙，或感悟真理，或鞠躬尽瘁。精神生命是生命中的最高层次，也是人最高贵的品质，能够超越有限而走向无限，使一个人更好地审视自然、体悟自身并融入世界。

知识拓展

信念超越物质局限

袁隆平毕生致力于杂交水稻研究，从 20 世纪 60 年代发现天然杂交稻株，到 1973 年突破制种技术，使水稻亩产翻倍，他用一粒种子改写了中国乃至世界的粮食安全史。即便年逾九旬，他仍坚持下田，临终前不忘叮嘱“不要浪费粮食”。他留下的“禾下乘凉梦”由年轻科研团队延续，海水稻、沙漠稻的研发正将梦想照进现实。张桂梅则以病弱之躯托举起山区女孩的命运，她创办的华坪女子高中帮助 2 000 多名学生考入大学，其誓词“我生来就是高山而非溪流”成为无数人冲破枷锁的精神旗帜。两个案例共同揭示：精神生命的价值在于以信念超越肉体与物质的局限，个体的执着能点燃群体的希望。

请同学们思考：袁隆平的“种子精神”对你有何启示？

（三）珍惜生命

1. 人类平均寿命的演变

（1）原始社会（约 10 万年前）：平均寿命为 18～20 岁。

主要死因：猛兽袭击、分娩感染、食物短缺。

（2）原始农业文明（约 1 万年前）：提升至 25～30 岁。

突破：固定居所减少意外伤亡，但出现粮食危机与传染病。

（3）工业革命（18 世纪）：突破 40 岁大关。

关键进步：疫苗（如 1796 年的天花疫苗）、外科消毒术（1867 年）等。

（4）现代医疗时代（1950—2000 年）：全球平均寿命从 46 岁增至 66 岁。

里程碑：抗生素普及（20 世纪 40 年代）、冠状动脉旁路移植手术（俗称心脏搭桥手术，1960 年）等医疗技术进步。

（5）精准医疗时代（21 世纪）：2023 年全球平均寿命为 73.3 岁。

2. 不同民族文化下的生命仪式

（1）出生仪式。

1）汉族——满月礼、抓周：周岁时摆放算盘、书本、钱币等物件，以预测孩子未来的志向。

2）蒙古族——剪胎发礼（敖尔波礼）：3 岁前不剃发，待选定吉日由亲友剪下一缕头发装入银匣。

（2）成年仪式。

1）苗族——踩花山：男女 15 岁后参与，男孩吹芦笙、攀花杆，女孩戴银冠、跳月舞。

2）彝族——换裙礼（沙拉洛）：彝族少女 13～17 岁（一般选择单数年龄）举行的仪式，脱去童裙换百褶长裙，发辫盘成髻；男性同期举行“换裤礼”，佩银鞘短刀标志成年。

（3）死亡仪式。

汉族常有守灵、送花圈、披麻戴孝的习俗，壮族则二次葬等特别的庆葬习俗。

3. 珍惜生命的体验和活动

生命是一个过程，虽然会有艰辛和挫折，也会有幸福和满足的时刻。我们要学会珍爱生命，遇到问题及时求助，不要将结束生命作为解脱或逃避的方式。当你想要放弃生命时，请你去医院看看，那里有多少人为了活下去而努力挣扎，还有多少医生、护士在为生命的坚持与死神做斗争。多少家庭即使倾家荡产，也要救治自己的家人，所有人都在为生命竭尽全力。去灾害事故现场看看，有多少消防员和救援人员冒着生命危险逆行而去，只因为那里有他们需要守护的生命。这些年轻的战士战火海、斗洪峰、下深井、上高楼，只为守护每一个鲜活的生命。如果你还是无动于衷，请到养老院看看那些在院落里晒着太阳的老人。他们的头发已经花白，眼睛看不清，耳朵听不清，行动多有不便。他们的牙齿掉落，甚至吃饭和起身都很困难，但是，他们依然很珍惜每一天见到的阳光、每一次呼吸到的新鲜空气，期待着和儿女的下一次相聚。你可以到你生活的城市、乡村走一走，看看那繁忙的早晨：小孩子背着书包上学，上班族匆匆忙忙走向工作岗位，路边的清洁工人开始美化整个城市，警察在路口指挥交通……每一个平凡的人，都在这种真实的生活中，努力奋斗。

心理故事

叶子弗雷迪的故事

春天过去了，弗雷迪这片叶子已经长大，叶片又宽又厚，五个角又坚又硬。

弗雷迪最好的朋友是丹尼尔。丹尼尔这片叶子在这棵树枝上最大，好像也最老。弗雷迪觉得，丹尼尔在他们当中最聪明。那个夏天，公园里的人多极了。他们经常走过来，坐在这棵树底下。丹尼尔告诉他，给他们遮阴是他的志愿之一。“志愿是什么啊?”弗雷迪询问道。“就是活着的目的。”丹尼尔回答说，“我们活着，就是要让他人感到快乐。我们活着，是要给那些因为家里太热，到这里来避暑的老人遮阴。我们活着，是要给孩子们提供一个阴凉的地方，好让他们来玩。人们到树底下野餐，在格子台布上吃东西，我们活着，就是要用叶片给他们扇风。我们活着，就是为了做这些好事情。”

弗雷迪的夏天很快就过去了。十月的一个晚上，弗雷迪从来没有觉得这样冷过。所有的叶子都冷得瑟瑟发抖。他们被披上了一层薄薄的白色东西，它很快就融化掉，留下的是露水，在早晨的阳光中闪烁。丹尼尔告诉他们，这是经历了一场霜冻。这说明，秋天已经来到，冬天也不远了。这时候，整棵树，其实应该说是整个公园，几乎一下子变得五彩缤纷。树上几乎再没有一片绿叶。丹尼尔变成了深紫色，而弗雷迪呢，红中带金色又带蓝色。他们看上去是那么漂亮。弗雷迪和他的朋友把这棵树变成了一片虹彩。

有一天，一件非常奇怪的事情发生了。同样是那些风，过去让他们在树枝上轻轻舞动，如今却把他们狠狠地吹来吹去，好像在大发脾气。这一举动把所有的叶子都吓坏了。“到底出什么事啦?”他们悄悄地你问我，我问你。“秋天就是这样的，”丹尼尔告诉大家，“到了叶子离开树枝、落下去的时候了。有些人把这个叫作死。”“我们全都会死吗?”弗雷迪问道。“是的，”丹尼尔回答说，“万物都会死。不管是大是小，是强是弱。我们会完成属于我们的任务，经历日晒月照、风吹雨打。我们跳舞、欢笑。最后我们死去。”“那么，这棵树也要死吗?”弗雷迪问道。“有一天它也要死。不过有一样东西比这棵树更加强大。那就是生命。它将永存，我们大家都是生命的一部分!”

心理活动训练

生命线

1. 活动目的

通过绘制生命线，引导学生思考自己的人生轨迹和生命的意义与价值，并最终提升自己的生命价值。

2. 活动流程

(1) 预测 60 年以后大家相聚的情景。

(2) 在纸上画一条线，并在右侧标出箭头，这一条线代表你的生命线，起点代表你出生的时候，在终点写下你的预计死亡年龄，然后找到自己现在所处的位置。回忆过去发生在你生命中的事情，并将它们按时间顺序在生命线上列出来。根据感受，愉快的可以放在线条上方，不愉快的可以放在线条下方；然后想象未来想要做的事情及可能发生的事情，仍然将可能愉快或不愉快的事情分别放在线条的上下方。画好之后，仔细观察你的生命线，它就是你的心灵地图。

(3) 面对你的生命线，你想到了什么？

(4) 朋友之间相互分享自己的生命线，思考他人的生命线带给了你什么样的启示。

二、生命健康教育

(一) 生命健康

1. 生命健康的标准和内涵

世界卫生组织于 1989 年提出了现代“四维”健康观，其所提倡的健康概念是：健康不仅仅是没有疾病，而且包括躯体健康、心理健康、社会适应良好和道德健康。由此可见，世界卫生组织对健康所下的定义，远远超越了“无病即健康”的传统观念，而是将健康视为一个综合性的状态，涵盖了躯体健康、心理健康、社会适应良好以及道德健康这四个不可或缺的维度。

步入 21 世纪，人类的健康观念已经发生了翻天覆地的变化。我们不再仅仅满足于生理上的健康，而是更加追求心理、社会适应和道德层面的和谐统一。

2. 健康行为习惯

世界卫生组织提出的健康行为，也是健康的四大基石，包括合理膳食、适量运动、戒烟限酒、心理平衡等。健康行为可体现在饮食、睡眠、日常安全、运动、日常管理、医疗卫生、保健等方面。而大学生的健康行为包括两个部分：一种是有意识地促进健康的行为，如有规律的饮食起居、定期的体育锻炼活动等；另一种是在日常生活中无意识但对健康有益的行为，如饮食、睡眠、生活习惯等。这些健康行为，无论是有意识的还是无意识的，都对健康起到了积极的作用。

(二) 生命安全

1. 安全心理习惯

安全心理属于一种积极的心理状态，它强调确定感与可控感，意味着群体或个体对周边环境存在一种安全感与适应性，不会因为危险因素刺激而出现各种不可控的应激行为。当一个人认为周边环境或人对自己不构成威胁、充满安全感时，其相应的行为决策也会变得更加稳定与柔和，不容易出现突发的暴力对抗等行为。

2. 心理危机的识别和干预

(1) 心理危机的发生发展。

第一阶段：当个体面临困境时，其内心的基本平衡被打破，个体开始体验到紧张，试图采取以前常规使用的应对压力的手段。

第二阶段：当个体以前的应对策略未能奏效时，其焦虑、紧张程度明显提高，可能会出现失眠、噩梦、出汗、发抖等躯体症状，这时，个体会试图寻求新的应对方式来解决问题。

第三阶段：当尝试新的应对方式仍未能解决问题时，个体内心的紧张程度会持续提高，可能出现抑郁症状，甚至采取一些不恰当、不寻常的行为来宣泄自己的情绪，如酗酒、暴食、冲动、到处游荡等。这时的个体求助需求最为强烈，常常不分场合发出求助信号，甚至尝试采用自己以前认为最荒唐、最不可取的方式。

第四阶段：如果经过前三个阶段，仍不能解决问题，个体将会产生习得性无助，丧失信心，对人生的意义产生困惑、怀疑，甚至感到绝望，出现自伤、自杀等极端行为。而有部分人在此阶段会出现人格解体、精神崩溃等精神异常表现。

（2）心理危机预防。

心理危机预防是指对心理危机进行早期预测，通过对预测信息的评估及时发现和识别潜在的或现实的危机因素，有针对性地采取防范措施，防患于未然，必要时发出危机警报，降低危机发生的突然性和意外性。心理危机预防机制具有预测危机、防范危机的作用，是一种超前的危机管理。

（3）心理危机干预。

心理危机干预也叫心理危机调停，是指对处于困境和挫折中的个体予以关怀和支持，使其恢复心理平衡的过程。心理危机干预本身是一种心理卫生的救助措施，主要针对心理适应陷入危机状态者，给予适时救援，助其度过危机，然后再从长计议，并且视其情况轻重将其转介到有关机构接受治疗。

危机干预可以从个体自己寻求帮助开始，目的在于使个体从自身的角度出发来解决危机，调整情绪，使自身的心理状态恢复到危机前的水平。

心理活动训练

提高心理适应能力

（1）在适应生活的过程中，由于各种各样的变化和压力，大学生会遇到各种各样难以解决的问题和困难，造成心理上的紧张和压抑。因此，学会心理调节，摆脱不良的心理状态非常重要。

讨论：当你遇到问题时，你会使用什么样的方法调节心理？效果如何？请一一列举。

（2）不同的人应对困难和适应环境的方式不同，达到的效果也不同，个人以自己的方式适应着生活，发展着自我。

讨论：当你进入一个新的环境或遇到困难时，你通常会采取什么样的方法去应对？

（3）生活信念直接影响一个人的生活状态，合理的生活信念对我们的生活影响重大。

讨论：你对人生的看法是什么？你对未来的展望又是怎样的？

第二节　生命情感教育和价值教育

一、生命情感教育

（一）积极态度

我们要树立健康的生命观，辩证看待生命和死亡的关系、珍爱生命和贪生怕死的关系、生命长短和价值大小的关系、珍爱自己生命和关爱他人生命的关系。

（1）辩证看待生命和死亡的关系：谈生而不避讳死。很多父母与孩子谈理想、谈未来，而少有人谈论生死。他们认为，与孩子谈论死亡太过沉重，甚至是不吉利的，即使孩子问起也往往采取回避或闪烁其词的态度。因此，很多大学生都没有树立正确的生死观，对死亡持一种逃避态度。死亡是生命的必然结局，我们应当正视生命的有限性。每个人都会经历从出生到死亡的过程。我们应当在活着的时候，充分实现人生价值。

（2）辩证看待珍爱生命和贪生怕死的关系：我们应做到恋生而不畏死。珍爱生命是对生命的尊重、珍视和保护。它强调生命的宝贵性，鼓励人们积极面对生活，追求有意义的人生。珍爱生命是一种积极、健康的生活态度，体现了对生命的敬畏和热爱。而贪生怕死则是过分害怕死亡，甚至为了逃避死亡而不顾道德、法律等约束，做出自私、短视的行为。它体现了对生命的极端恐惧和逃避，是一种消极、不健康的生活态度。因此，我们要正确区分珍爱生命和贪生怕死。当祖国和人民需要的时候，我们要挺身而出，无所畏惧。

（3）辩证看待生命长短和价值大小的关系：延长生命意味着提升价值。司马迁曾说："人固有一死，或重于泰山，或轻于鸿毛。"这句话探讨的正是生命的长短和价值大小的关系。我们评价和衡量人生价值的标准，不是个人对社会的索取和生命的长短，而是个人对社会的责任和贡献。个人要将希望生命更长的个人价值与对社会有所贡献的社会价值有机结合，将有限的生命投入无限的为人民服务中去，使自己的人生更有价值，更趋完美。

（4）辩证地看待珍爱自己生命和关爱他人生命的关系：爱人亦爱己。近年来，大学生伤害他人的恶性案件时有发生，究其原因，少数大学生把珍爱生命简单理解为珍爱自己的生命，将珍爱自己的生命与珍爱他人的生命对立起来，漠视他人生命的存在和价值，肆意摧残和践踏他人的生命。我们所说的珍爱生命，不仅是珍爱自己的生命，还包括关爱他人以及动植物的生命。我们要推己及人、推己及物，树立与同学们同舟共济、合作共赢的理念，推动形成"人人为我，我为人人"的良好社会风尚。另外，我们要正确把握见义勇为和见义智为、尽力而为和量力而行的统一性原则，减少不必要的流血牺牲，避免生命悲剧的重复发生，让生命之花在理性的呵护下绽放。

（二）体验幸福

世界上也许再没有一个词像"幸福"一样，被如此广泛而深入地讨论，拥有如此多样而复杂的含义。幸福是一个主观而多维度的概念，它因人而异、因时而变，因文化、社会背景和个人经历的不同而呈现出千姿百态。在英语中，它是"happiness"，也是"well-being"。前者强调快乐的情绪，后者则指身心和谐的状态。

马丁·塞利格曼提出的幸福2.0的理论认为，那些拥有最积极的情绪、最多的投入和最大人生意义的人往往能体验到最高程度的幸福，并且他们对生活的满意度也最高。而幸福理论中有五个元素必不可少，即积极情绪、投入、意义、成就、人际关系。积极情绪是幸福的重要基石，它包括快乐、满足、爱、希望等正面感受，当人们频繁地体验到这些积极情绪时，他们的幸福感会显著增强。投入是指人们全心全意地专注于某项活动或任务时的状态。这种状态通常伴随着高度的专注和满足感，人们在这种状态下往往能够体验到一种被称为“心流”的幸福感。意义是指人们所做事情的价值和重要性。当人们认为自己所从事的活动或所追求的目标具有深远的意义时，他们会感到更加充实和满足。成就是指人们通过努力和才能所取得的成果。成就不仅带来了物质上的回报，更重要的是，它让人们感到自豪和自信，增强了自尊和自我效能感，从而提升了幸福感。良好的人际关系是幸福感的重要组成部分。有人曾经请积极心理学的创始人之一克里斯托弗·彼得森用两个字来描述积极心理学的核心，他回答说“他人”。这表明良好的人际关系对幸福具有深刻的正面影响，而缺乏良好的人际关系则会带来很大的负面影响。

二、生命价值教育

（一）自我实现

1. 个人价值实现

生命价值是个体价值的重要组成部分。生命价值是自我价值和社会价值的统一，社会实践活动是实现生命价值的唯一途径。付出的劳动越多，人生的价值才越能得以体现。大学生一方面要运用自己的聪明才智和勤劳勇敢自觉创造价值，实现个人的成才目标；另一方面要在反复的实践中吸取经验教训，不断反省和提高自己，建立正确的自我意识，在双向互动的发展过程中不断创造生命价值。

大学生的人生目标不同，对于职业的选择也存在差异。大学生要将个人价值的实现和国家繁荣、民族复兴紧密结合，将青春融入祖国的大我之中，提高人生境界，实现生命的价值。青年一代应当有理想、有担当，用实际行动证明，青年一代可堪大任、不畏艰难。大学生只有找准自己的奋斗目标，在习惯养成、兴趣爱好和职业选择方面积极规划，才能对自己的人生负责，产生履行社会责任感的强大动力。

2. 生命意义探索

何为生命的意义？简而言之，即人们发现生活的核心目标，并为了实现这个目标而努力。生命意义为个体提供了方向和前进的动力，并体现了个体的存在价值，深刻影响着个体对事物的态度和行为方式。

第一，生命意义的存在。生命意义是个体具有价值性的人生目标，个体在追求意义和实现目标的过程中，能体会到自身存在的价值和意义。在这个过程中，个体又创造出自身独特的意义。

第二，生命意义的动力。它是推动个体去寻找、理解生命意义并赋予生命以意义的内在力量。这种力量激励个体去追求成长与自我实现，具有显著的动机作用。它促使个体去设定目标、付诸行动并实现这些目标。

第三，追求生命意义的行动。价值和目标是意义的载体，而个体需要通过行动来实现这些价值和目标。只有通过不断努力拼搏实现自我价值，我们的生命才能上升到一个新的高度。

心理活动训练

赋予生命独特的意义

每个人生来就有价值，每个生命都是独特的个体，并不依赖于社会、他人的评价。当我们能为他人做一些力所能及的事情时，会觉得自己的生命更有意义。

我们要为自己的生命赋予独特的意义，现在请你想一想你能为他人做的事情，并填写在下面的横线上。

我能为同学________________________

我能为班级________________________

我能为父母________________________

我能为灾区的人们________________________

我能为________________________

我能为________________________

生命的意义并不在于做出多么伟大的事情，有时只需要我们在得到他人的爱时，懂得为他人付出自己的爱，为他人做些有益的事情。

生命之树

步骤 1：每人发一张 A4 纸、一支铅笔，前后四人一组，共享一套彩笔。

步骤 2：主持人引导讲解生命树的绘制提示。

大家好，今天我们将通过绘画的方式一起来体验一个活动——生命树。生命有时就像一棵大树，今天我们就要画出每个人自己的生命之树。无须在意技法，只要画出自己的想法即可。

每个人的生命之树可以分为树根、树干、树枝、树叶、果实、花、种子等部分。

树根代表我们从哪里来。通过绘制树根，你可以讲述你来自哪里，如省、市、县、村庄。对于民族和风俗，可以讲述你父母的大家族史，家人的姓氏、祖先，祖先里面最引以为豪的人。此外，你还可以谈谈在生活中，谁经常与你讲述这些故事。分享你在家里最喜欢待的地方，或者联想到的一首歌、一本书、一段舞蹈、一个故事。你还可以讲述小时候的故事，可以是人，也可以是事，甚至是图腾。树根生长于地面之下，而地面代表我们目前居住的地方以及我们每天做的事情。

树干代表我们的生活技能和具备的能力，如电工、咨询等，以及我们珍视的价值理念，如坚毅、诚实等。请分享这些技能和价值观是从哪里学的、跟谁学的、学了多久。

树枝代表我们对未来的规划和梦想，并追溯这些规划和梦想的历史。

树叶既可以代表我们为这个规划做了哪些准备，也可以代表生命中很重要的人。讲一讲你和这些人之间是否有过一些幸福的时光，以及这些人对你的特殊之处。

果实代表你所收到的馈赠和成绩，如财产、关心和爱、好意等。为什么这个人会送给你这个礼物？他们欣赏你哪一点而送你这个礼物？你对他们的生活有什么贡献？这些都可以代表我们已经取得的成绩。

花代表仍未成为果实，代表一种希望。

种子既可以代表我们希望留下的遗产或者希望赠送给他人的礼物，也可以代表我们对他人所做的贡献。

此外，我们还可以根据自己的感觉在画面上补充一些其他相关的元素，可以是杂草、动物、虫子、幼苗、花朵、太阳等。

步骤3：用30分钟的时间，根据前面所讲，画出自己的生命树。请大家认真思考，尽可能将画面绘制得更丰富一些。

步骤4：画完后，请四个人一组分享自己的生命树故事。

步骤5：每组选一人，将组内的生命树拍照并放到演示文稿中，与全体成员分享。

步骤6：全部分享后，将其贴到墙上，大家可以走动浏览，欣赏彼此的作品。

步骤7：最后，全体成员分享此次活动的感受。

心理故事

生命的价值

有一个生长在孤儿院的男孩，常常悲观地问院长：像我这样没人要的孩子，活着究竟有什么意思呢？院长总是笑而不答。有一天，院长交给男孩一块石头，说：明天早上，你拿这块石头到市场上去卖，但不是真卖，记住，不论别人出多少钱，绝对不能卖。

第二天，男孩蹲在市场角落，意外地发现有许多人向他买这块石头，而且价钱越出越高。回到院内，男孩兴奋地向院长报告，院长笑了笑，让他明天拿到黄金市场叫卖。在黄金市场，竟有人出比昨日高十倍的价钱要买那块石头。最后，院长让男孩把那块石头拿到宝石集市上去展示。结果，石头的身价又涨了十倍，更因为男孩怎样都不肯卖，竟被传成稀世珍宝。男孩兴冲冲地跑到孤儿院，将这一切告诉院长。院长望着男孩，徐徐说道：生命的价值就像这块石头一样，在不同的环境下就会有不同的价值。一块不起眼的石头，由于你的珍爱和惜售而提升了价值，被认为是稀世珍宝。你就像这块石头一样，只要自己看重自己、自我珍惜，生命就有意义、有价值。

（二）生命责任感

俄国著名作家车尔尼雪夫斯基说：“生命，如果跟时代的崇高的责任联系在一起，你就会感到它永垂不朽。”这句话深刻地表达了生命与责任、时代之间的紧密联系，以及承担崇高责任对于赋予生命永恒价值的重要性。作为新时代的大学生，我们应该摆脱精神疲软的状态，将个人的生命与时代的需求和崇高的责任相结合，以坚韧不拔的勇气，迎接美好的未来。

1. 大学生要正确认识自我价值，自觉承担社会责任

许多大学生缺少对社会的亲身体验，缺乏社会阅历和辨别是非的能力，无法清晰地意识到自己的社会角色和社会地位。他们既感受不到社会的真实状况和自身对社会的责任，也没有想过要融入社会并用自己的思想去影响社会和他人，反而陷入一种觉得什么都“无

所谓、无兴趣、无意义”的生命虚幻状态。这表现为无所适从、失落无助，感觉人生没有奋斗的方向、没有精神支柱、没有生命的终极解释以及没有崇高理想信念的追求，处于一种迷茫、无助和孤独的状态，对生命质量的感受下降，产生强烈的失落感、空虚感和孤独感，严重时还会出现行为失范，甚至是人格分裂和精神绝望。

因此，大学生在进行价值目标选择时，要自觉地把社会理想和时代要求内化为个人的成才目标，树立一种“舍我其谁”的责任感和“敢为天下先”的使命感。只有对人生需要、人生目的等问题有了正确的认识，才能形成社会责任感的内在支柱，拥有面对激流不回头的勇气。

2. 大学生要积极投身社会实践，体悟生命意义

一些大学生由于缺乏明确目标、害怕挑战和失败、过于依赖书本知识、对实习单位或岗位不满意等，不愿意投身社会实践。然而，大学生积极投身社会实践，体悟生命意义，是一种极其重要且富有价值的行动。社会实践能够为大学生提供宝贵的实践经验，帮助他们更好地了解社会、认识自我。通过参与社会实践，大学生可以亲身感受到社会的多样性和复杂性，了解不同领域、不同行业的工作状态和职业要求，还可以更好地了解自己的兴趣、优势和不足，从而明确自己的职业方向和发展目标。更重要的是，社会实践能够让大学生体悟生命的真谛和意义。在实践中，大学生会接触到各种社会现象和人生故事，这些经历会触动他们的内心，引发他们对生命、价值、意义等深层次问题的思考，让他们更加深刻地认识到生命的宝贵和脆弱，理解个人的成长和发展与社会、国家的命运紧密相连。这种体悟不仅有助于他们形成积极向上的人生观和价值观，还能激励他们为社会的繁荣和进步贡献自己的力量。

因此，大学生要自觉走出校园、深入社会，到基层中去、到祖国需要的地方去，通过科技服务、公益劳动和集体活动，真正体悟人生的意义。

选择回乡，投身脱贫攻坚一线

黄文秀是北京师范大学的硕士研究生，毕业后，她放弃了大城市的工作机会，选择回到家乡广西百色。2018 年 3 月，她主动请缨到百色市乐业县新化镇百坭村担任驻村第一书记。在许多人选择从农村走向城市时，她却成了“逆行者”，她说：“很多人从农村走出去就不想再回来了，但总是要有人回来的，我就是要回来的人。”

1. 深入群众，了解民情

初到百坭村，黄文秀面临着诸多困难。村民们对这位年轻的“女娃娃”不信任，认为她不可能真心帮忙。但她没有退缩，虚心向老书记取经，改变工作方法。她脱下外套，帮贫困户扫院子、干农活，学着说方言，与村民唠家常。经过两个月的走访，她基本掌握了全村概况，把全村所有的贫困户全部走访了一遍。

2. 发展产业，助力脱贫

黄文秀深知没有脱贫产业就不能实现可持续发展。她立足当地资源，带领村干部和群众学经验、找路子，大力发展杉木、砂糖橘、八角、枇杷的种植和加工等特色产业，并请技术专家进行现场指导。她还建立了百坭村电商服务站，2018 年，电商销售砂糖橘 4 万多

斤，销售额达22万元，种植砂糖橘的贫困户每户增收2 500余元。在她的努力下，2018年，百坭村88户贫困户实现脱贫，贫困发生率从22.88%下降到2.71%。

3. 加强党建，凝聚力量

作为村第一书记，黄文秀注重加强党支部自身的战斗力、凝聚力和创造力。她从抓实抓严村干部的坐班值班制度开始，规范村“两委”干部的工作，提升群众满意度。她走访了百坭村的38名党员，充分征求党员对全村发展的意见建议，并将他们划分为3个党小组，方便党员参与各类活动。她还积极将“三会一课”等党内组织生活融入扶贫工作中，扎实推进党建促脱贫工作。

4. 舍身忘我，奉献青春

黄文秀一心扑在工作上，经常加班加点，从不因为节假日或周末而放松工作要求。2019年6月中旬，持续多天的暴雨冲毁了百坭村部分灌溉渠，村民培育好的水稻秧苗迟迟无法移种进稻田里。6月16日，为了保护村里群众的生命财产安全，黄文秀早早赶回村里部署抗洪。她顾不上与身患重病的父亲过好父亲节，连夜赶回百坭村。但她不幸在途中遭遇山洪，献出了自己年轻的生命。

黄文秀用她的青春和生命诠释了共产党人的初心和使命，她的事迹将永远激励着我们前行。

3. 大学生要担当生活主体，自觉负责每一天

大学生作为即将步入社会的重要群体，担当生活主体，并自觉负责每一天，这是其成长和发展的重要标志。这不仅关系到他们个人的成长和成功，也关系到社会的和谐与进步。责任不是抽象、空洞的口号，而应具体化到生活的每一个层次、每一个领域和每一个行为中。人生的每一个阶段都有应负的职责，大学生的生命因负责而美丽，因负责而变得有意义，因负责而从有限走向永恒。大学生要学会内化个人目标，勇做自我生活的主体，积极站在社会的潮头，对民族和国家负责。

心理活动训练

发现生命价值

你觉得什么样的人生才有价值？让我们来看看下面的一些观点。你是否同意这些观点？请说明理由。

观点	同意或不同意	理由
我必须取得一定的成就，我的人生才有价值		
只有长得很好看，我的人生才有价值		
我必须让我的父母认可我，我的人生才有价值		
我必须得到他人的赞赏，我的人生才有价值		
生命都是有价值的		

我的人生五样

请每个人拿出一张白纸，思考对你来说，人生中最重要的是什么。然后在白纸上写下对你来说最重要的五样东西。这五样东西可以是具体的物品，如食物、水或钱；可以是人和动物，如父母、朋友或宠物；可以是精神的追求，如理想、爱好或习惯。

接着，你需要把其中一项删掉，删掉意味着这样东西从此在你的人生中消失。认真思考并做出选择，想想自己为什么把它删掉。

接着，在剩下的四项中再删掉一项，想想自己为什么把它删掉。

接着，在剩下的三项中再删掉一项，想想自己为什么把它删掉。

接着，在剩下的两项中再删掉一项，想想自己为什么把它删掉。

现在请看剩下的最后一项，这就是对你来说最重要的事物。考虑一下，你为这最重要的东西付出了什么。

请认真感受删除的心理过程，并与他人分享自己的内心感受和想法。

搭建“人生金字塔”

活动目的：明白生命中最重要的人和事物是什么，学会珍惜现在所拥有的。

活动步骤：

（1）想想你人生中想要拥有的、想要追求的东西，如自由、爱情、美貌、财富、健康、权利、地位、友情、亲情等，然后把这些答案放在一个四层的金字塔上面。最重要放在最高层，根据答案对自己人生幸福的重要性，依次递减地排列在金字塔的不同层级上。每一层最终只能留下一个答案。说出这些答案对你人生幸福的重要性及其理由。

（2）如果给你机会可以重新调整这些答案，你将如何换？为什么？

自省与成长

1. 生命的含义及三种形态是什么？
2. 生命健康的标准和内涵是什么？
3. 健康的生命观要求我们如何辩证看待生命和其他方面的关系？
4. 如何实现个人生命价值？

参考文献

［1］胡谊，张亚，朱虹．大学生心理健康教育．上海：华东师范大学出版社，2019.
［2］陈小梅．大学生心理健康教育．厦门：厦门大学出版社，2019.
［3］朱志强，钟琪．大学生心理健康教育与拓展训练．北京：首都师范大学出版社，2018.
［4］孙小龙．大学生心理健康教育．北京：机械工业出版社，2020.
［5］陈刚，张玉．大学生心理健康教育．上海：上海交通出版社，2019.
［6］陈兆刚，高小黔．大学生心理健康教育．北京：中国人民大学出版社，2020.
［7］王振杰，刘彩琴，乔哲．大学生心理健康．北京：高等教育出版社，2021.
［8］冉威，简冬秋．大学生心理健康教育．北京：科学出版社，2021.
［9］俞国良．大学生心理健康．2 版．北京：北京师范大学出版社，2022.
［10］夏翠翠．大学生心理健康教育．3 版．北京：人民邮电出版社，2022.
［11］黎天业，王景．大学生心理健康教育．北京：中国水利水电出版社，2022.
［12］欧阳杰，王放．高职生心理健康教育．北京：北京出版集团，2023.
［13］马建青．大学生心理健康教程．4 版．杭州：浙江大学出版社，2023.